LIBRO PARA COLOREAR
Imágenes para la
CALMA

LIBRO PARA COLOREAR

Imágenes para la
CALMA

Bellas imágenes para borrar tus preocupaciones

Arte-terapia antiestrés

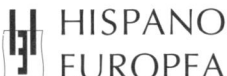
HISPANO
EUROPEA

Título de la edición original:
The calm coloring book

Publicado por primera vez en lengua inglesa por:
Arcturus Publishing Limited
26/27 Bickels Yard, 151–153 Bermondsey Street,
London SE1 3HA

© Arcturus Holdings Limited

© de la edición en castellano, 2017:
Editorial Hispano Europea, S. A.
Passeig del Ferrocarril, 335, 2º 2ª
08860 Castelldefels (Barcelona), España
E-mail: hispanoeuropea@hispanoeuropea.com

© de la traducción: Esther Gil

Depósito Legal: B. 3662-2017

ISBN: 978-84-255-2133-1

Consulte nuestra web:

www.hispanoeuropea.com

Impreso en España
ARLEQUIN & PIERROT, S.L.
Can Pobla 16, nave 2 (Pol. Ind. Can Roqueta)
08202 Sabadell (Barcelona)

Introducción

Está claro. ¡Colorear es lo tuyo! Sea cual sea tu edad, darle vida a un dibujo con los colores elegidos te aportará paz y bienestar. Además, estimularás áreas cerebrales relacionadas con las capacidades motoras y la creatividad. Colorear funciona como una técnica de relajación que calma la mente y ocupa las manos, lo que nos permite entrar en un estado de bienestar mucho mayor.

Este libro contiene preciosas imágenes de aves, hojas, flores, peces, mariposas y plácidos paisajes para apaciguar la mente y deleitar los sentidos. Al colorear las formas liberarás la mente y el cuerpo a la vez que crearás bellos trabajos artísticos. Así que aparta tus preocupaciones, toma tus lápices o rotuladores de colores y prepárate para dar rienda suelta a tu lado creativo...

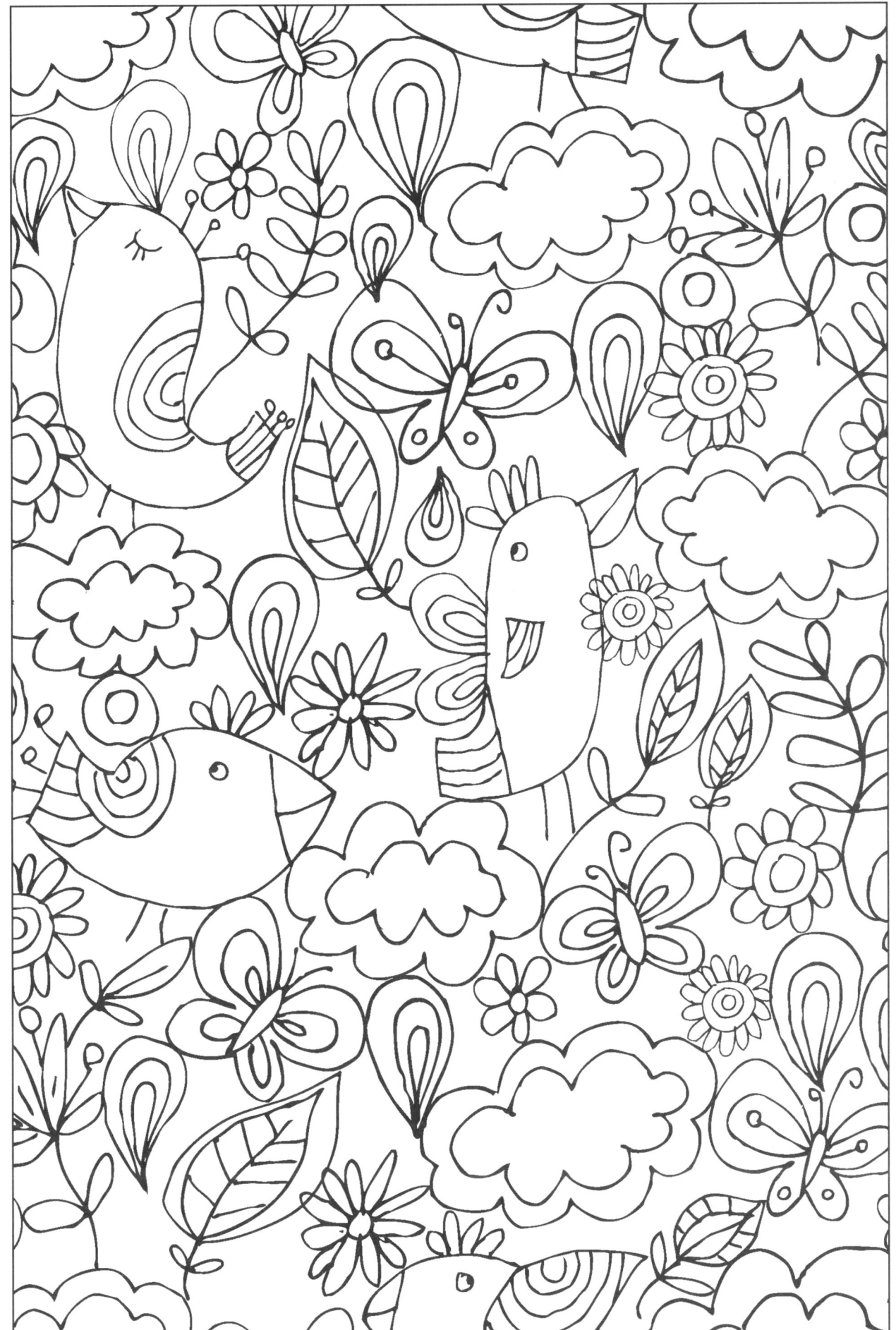

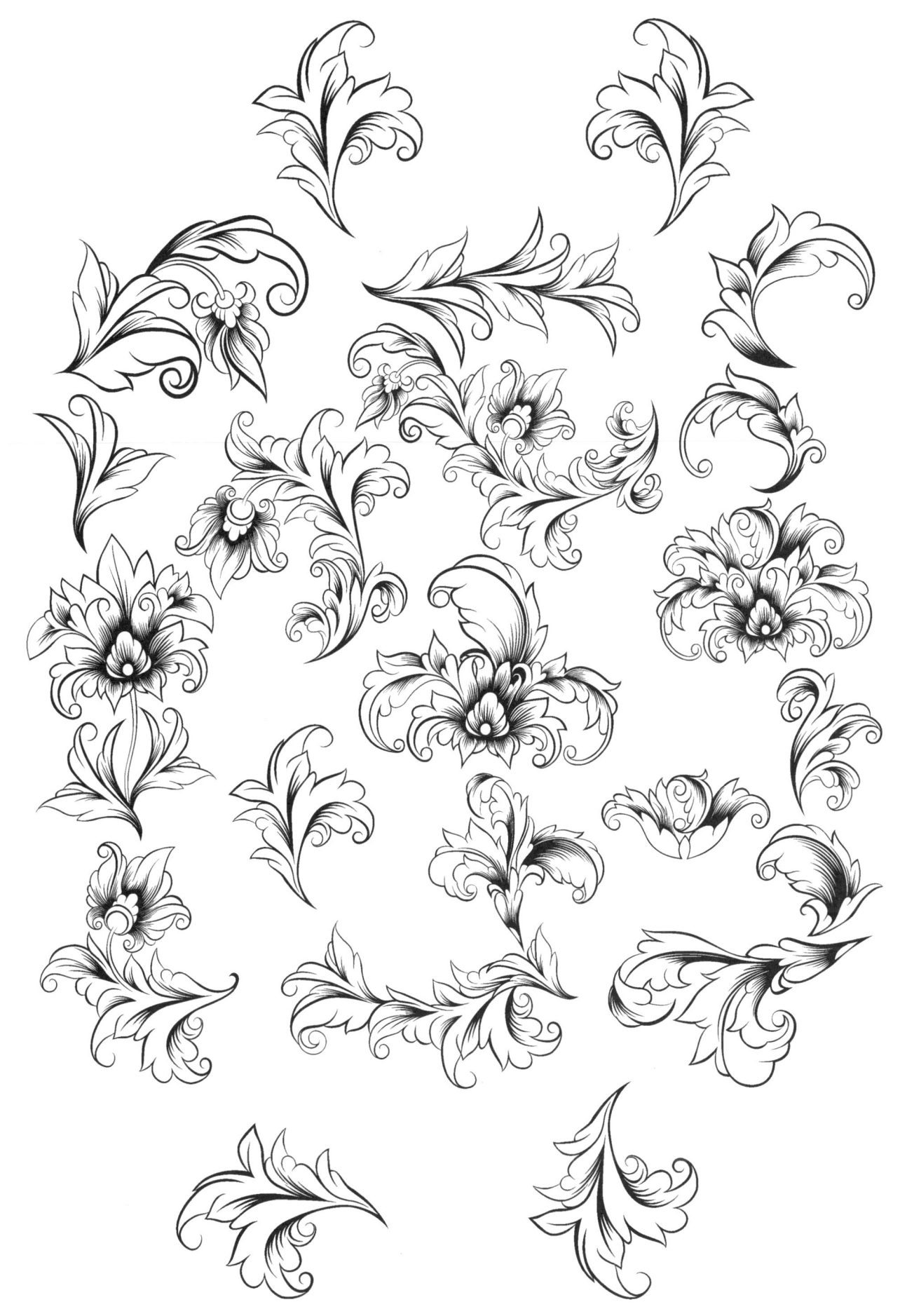

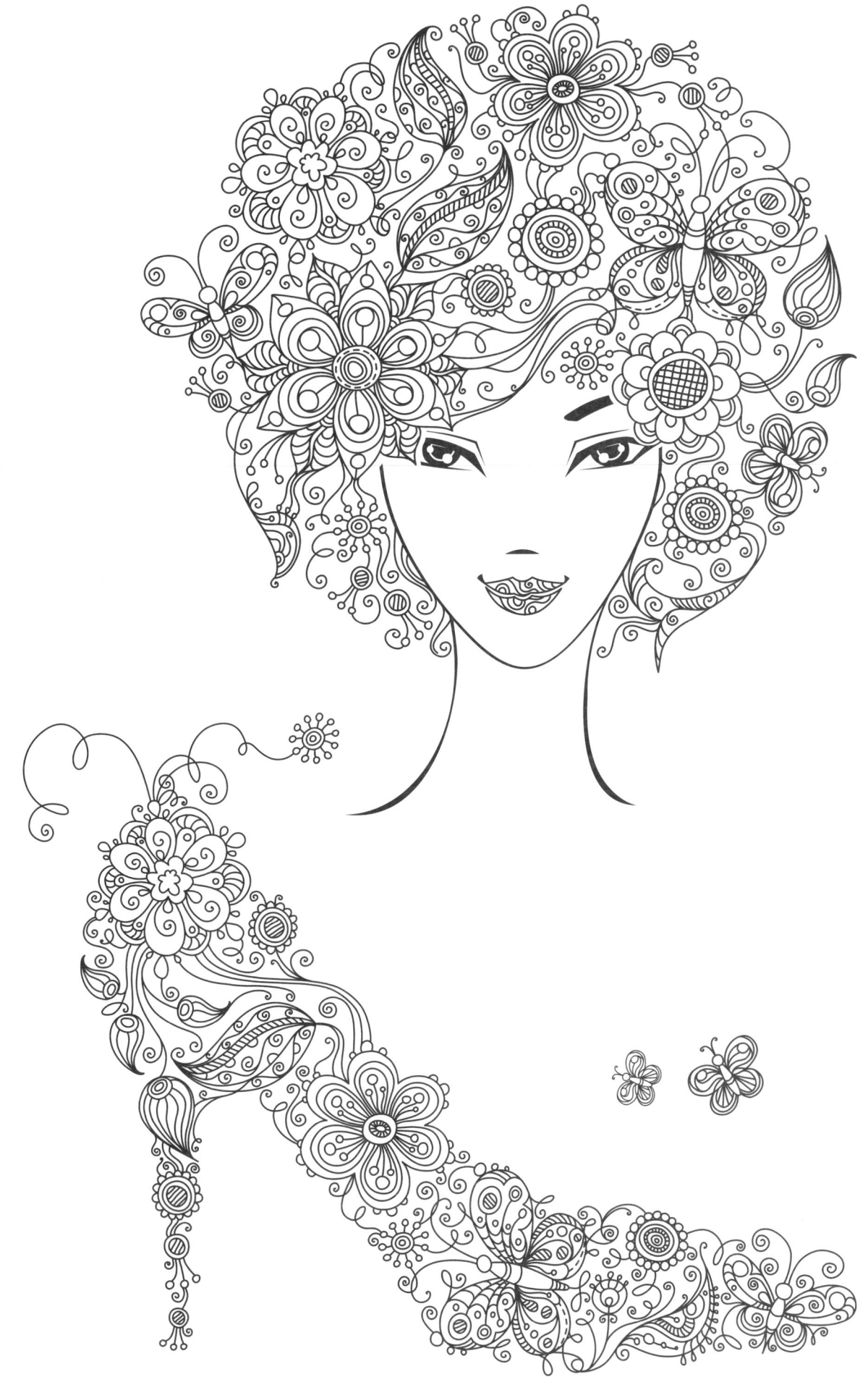

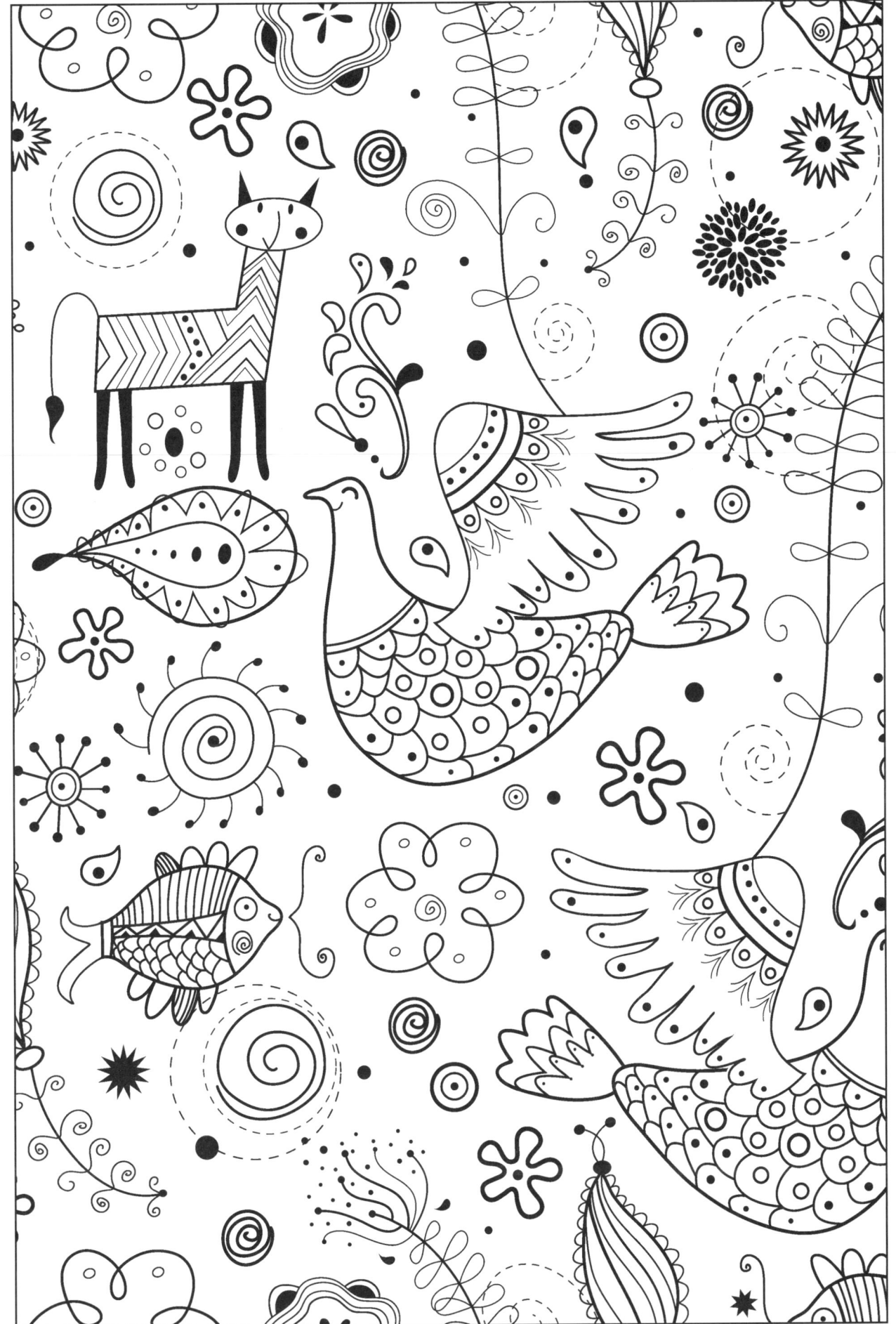

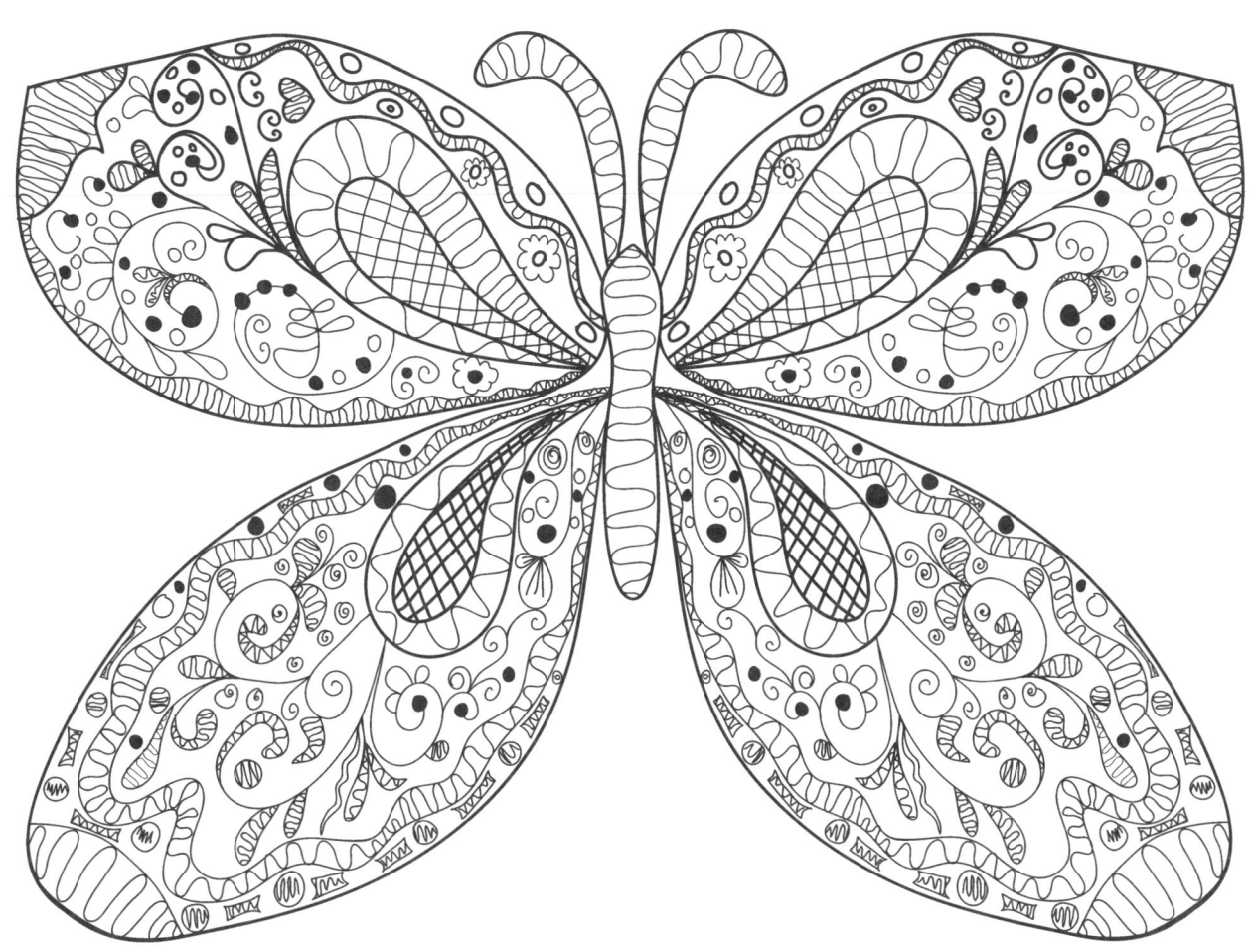

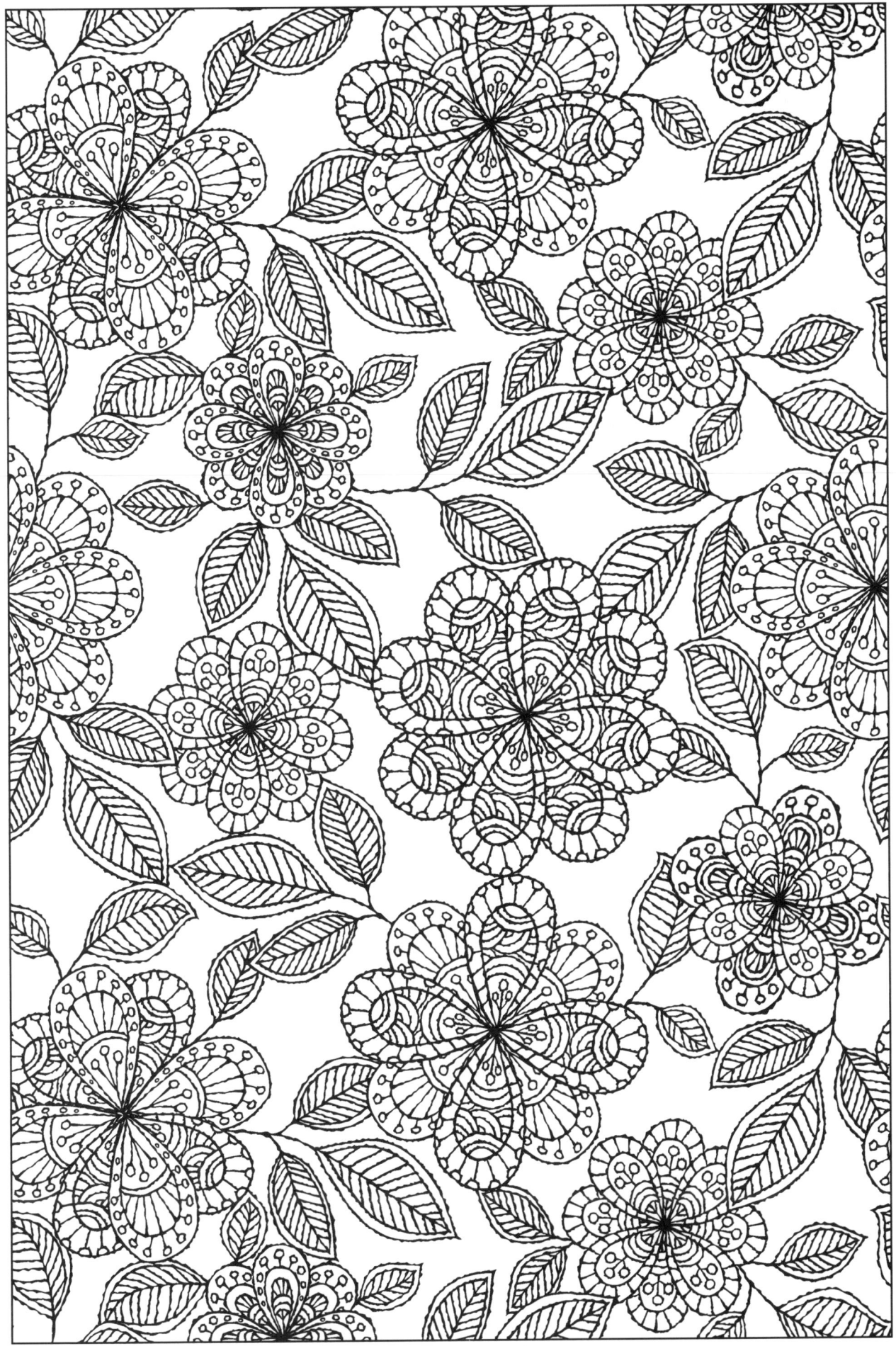

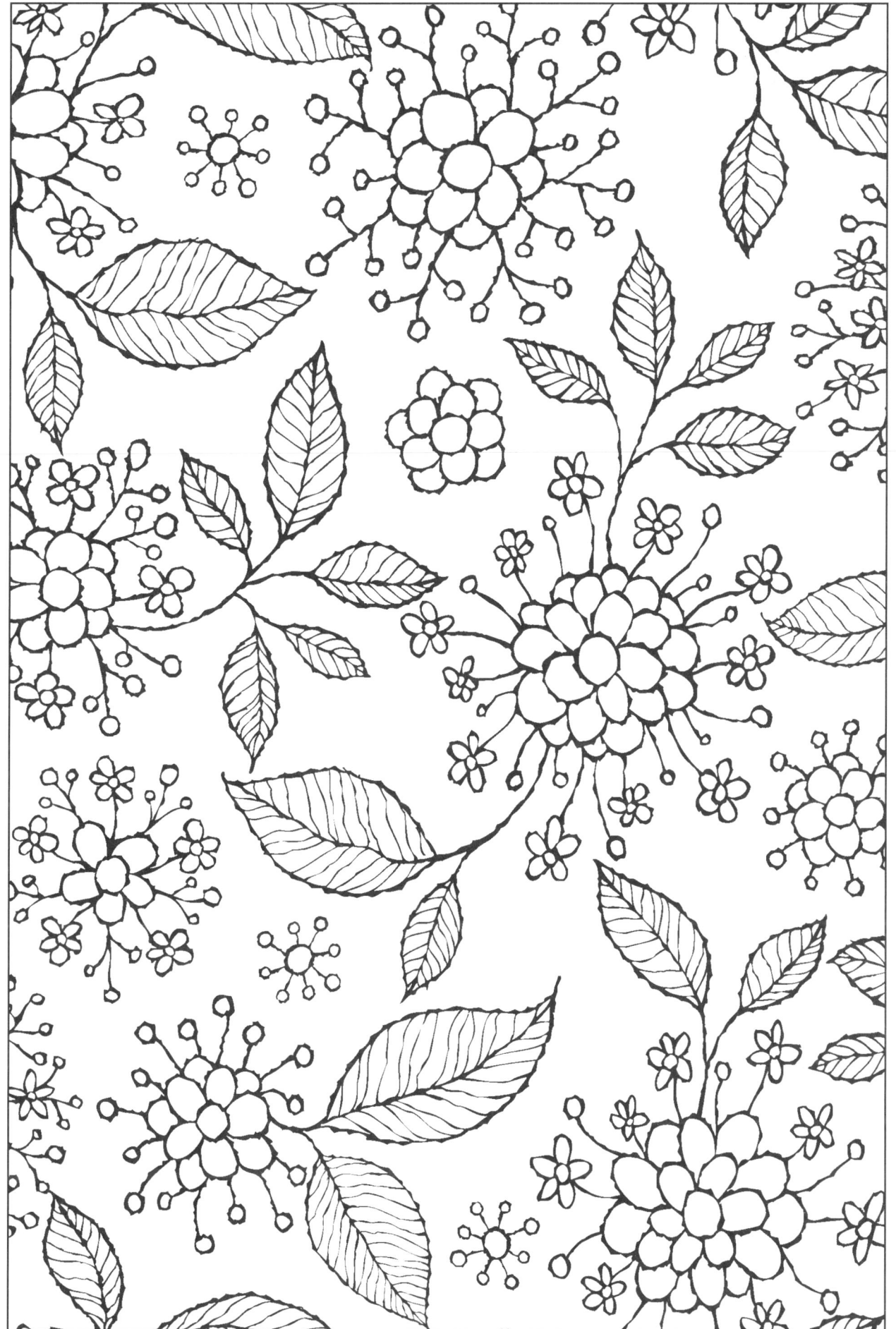

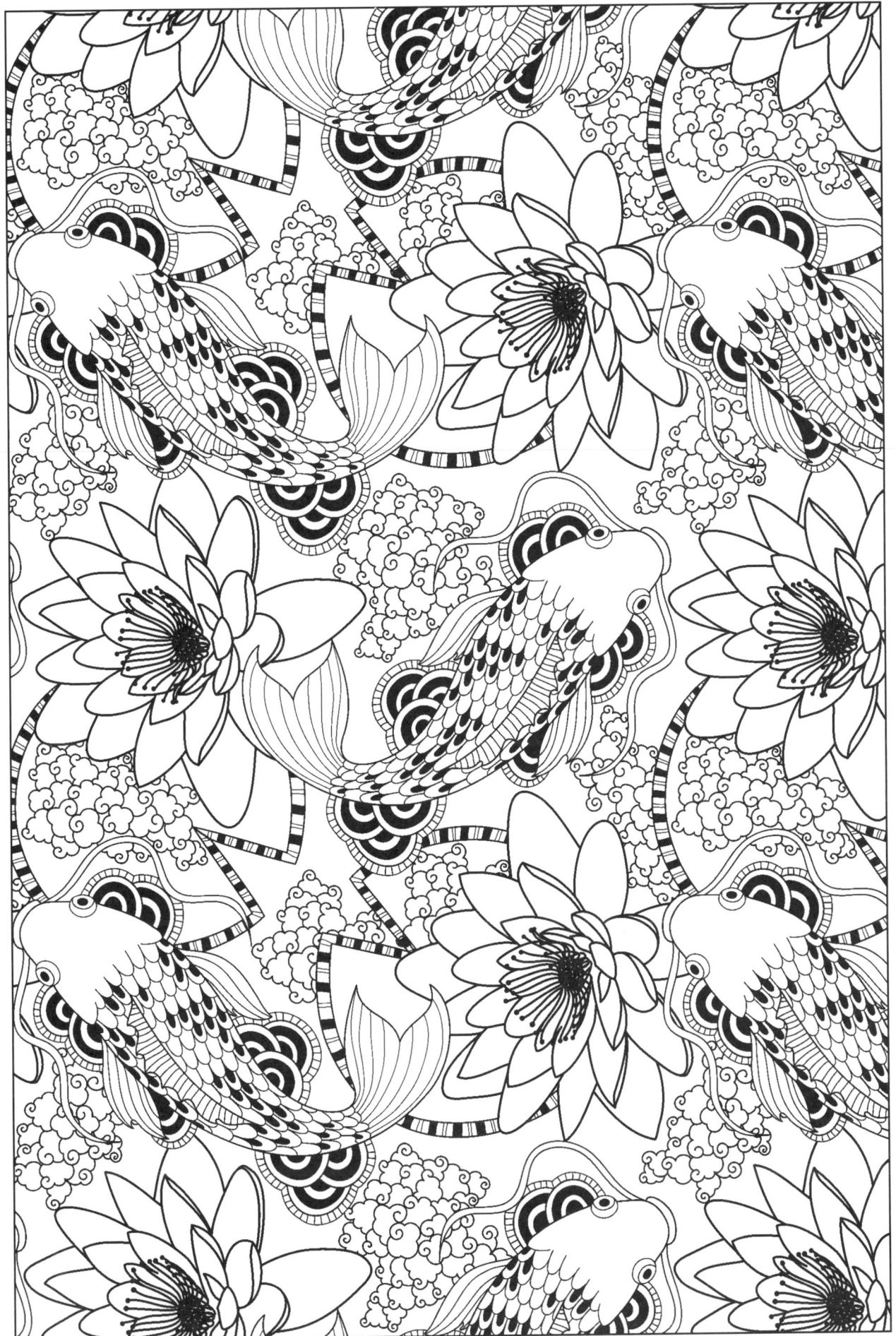

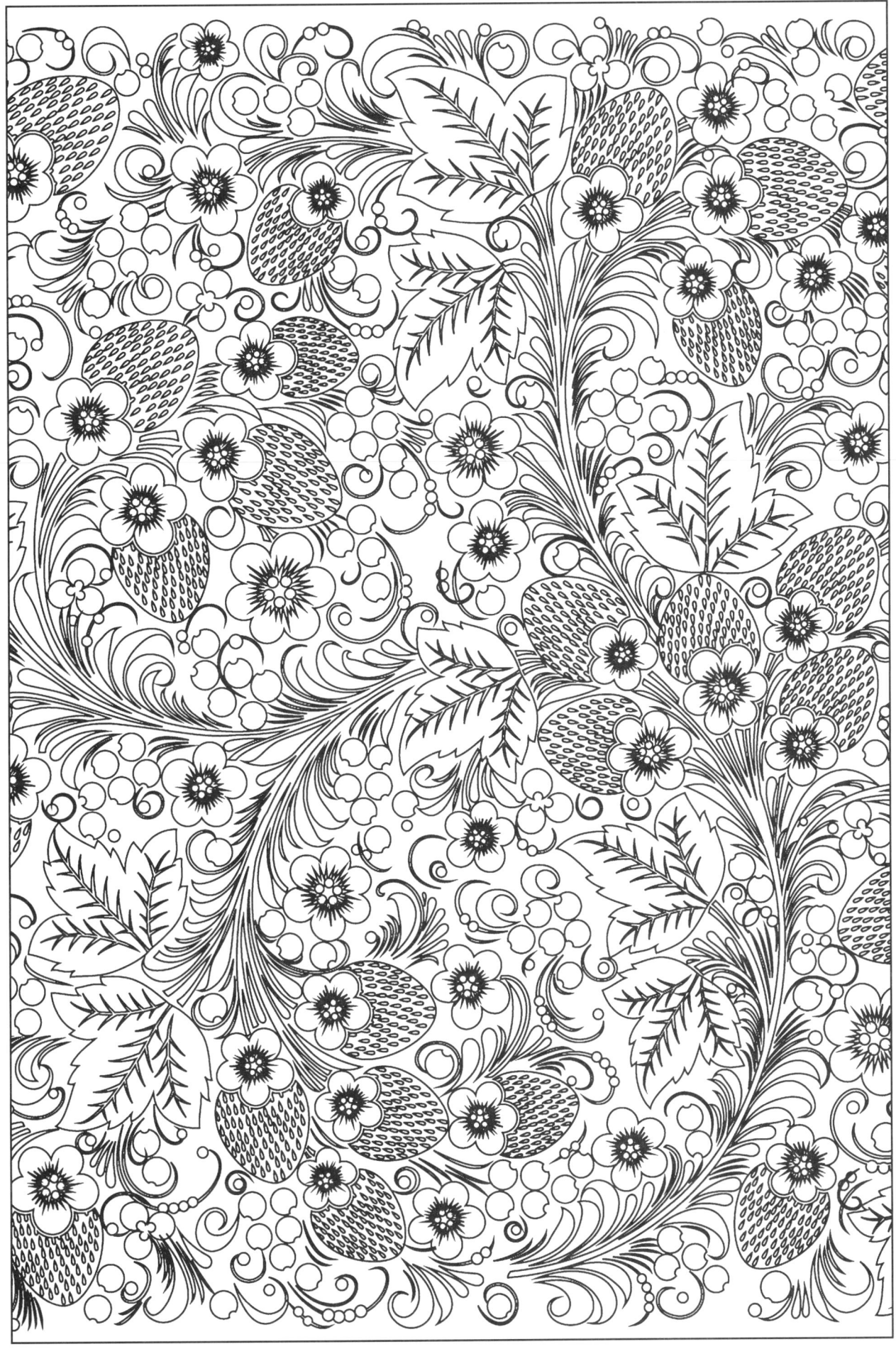

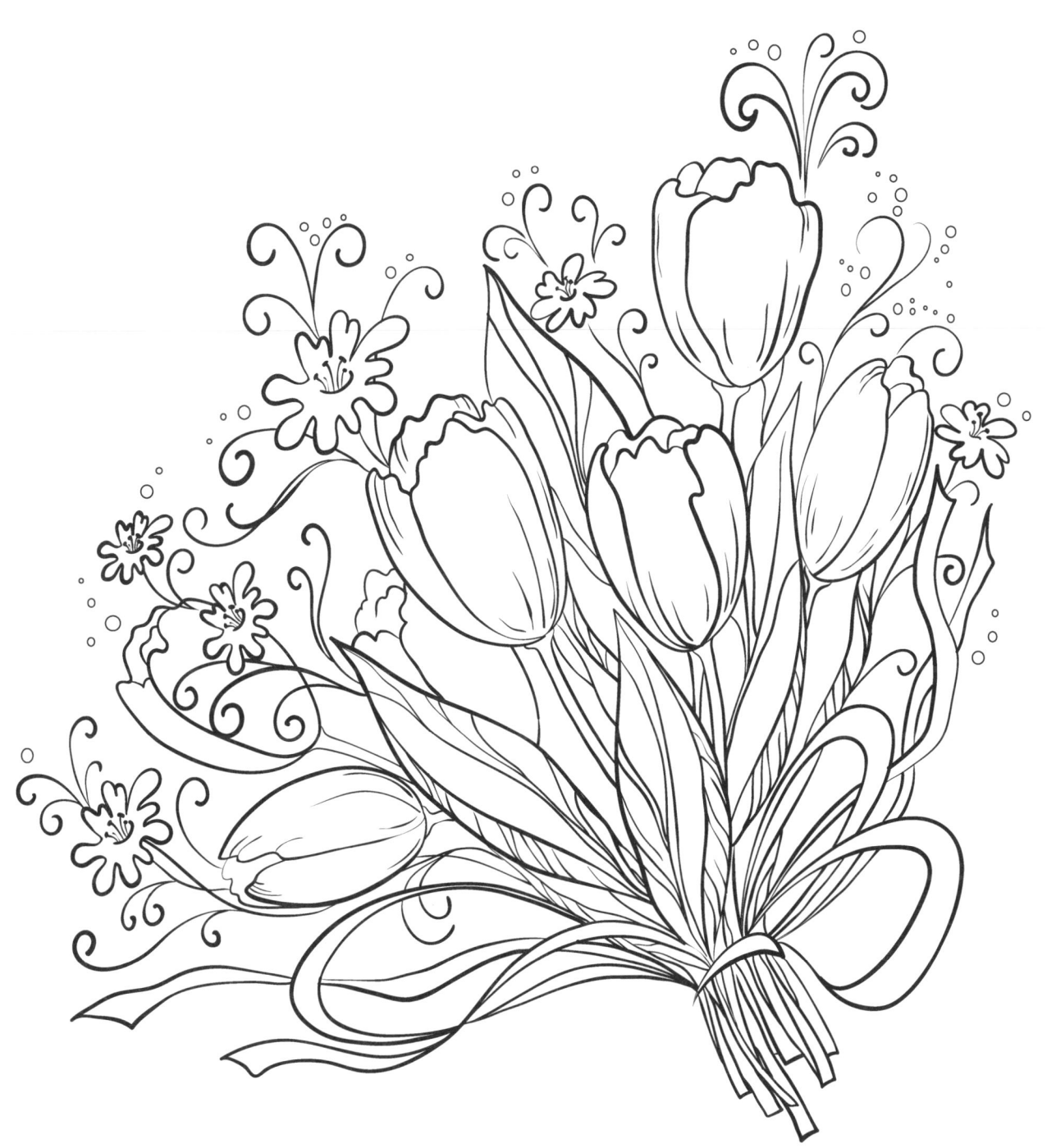

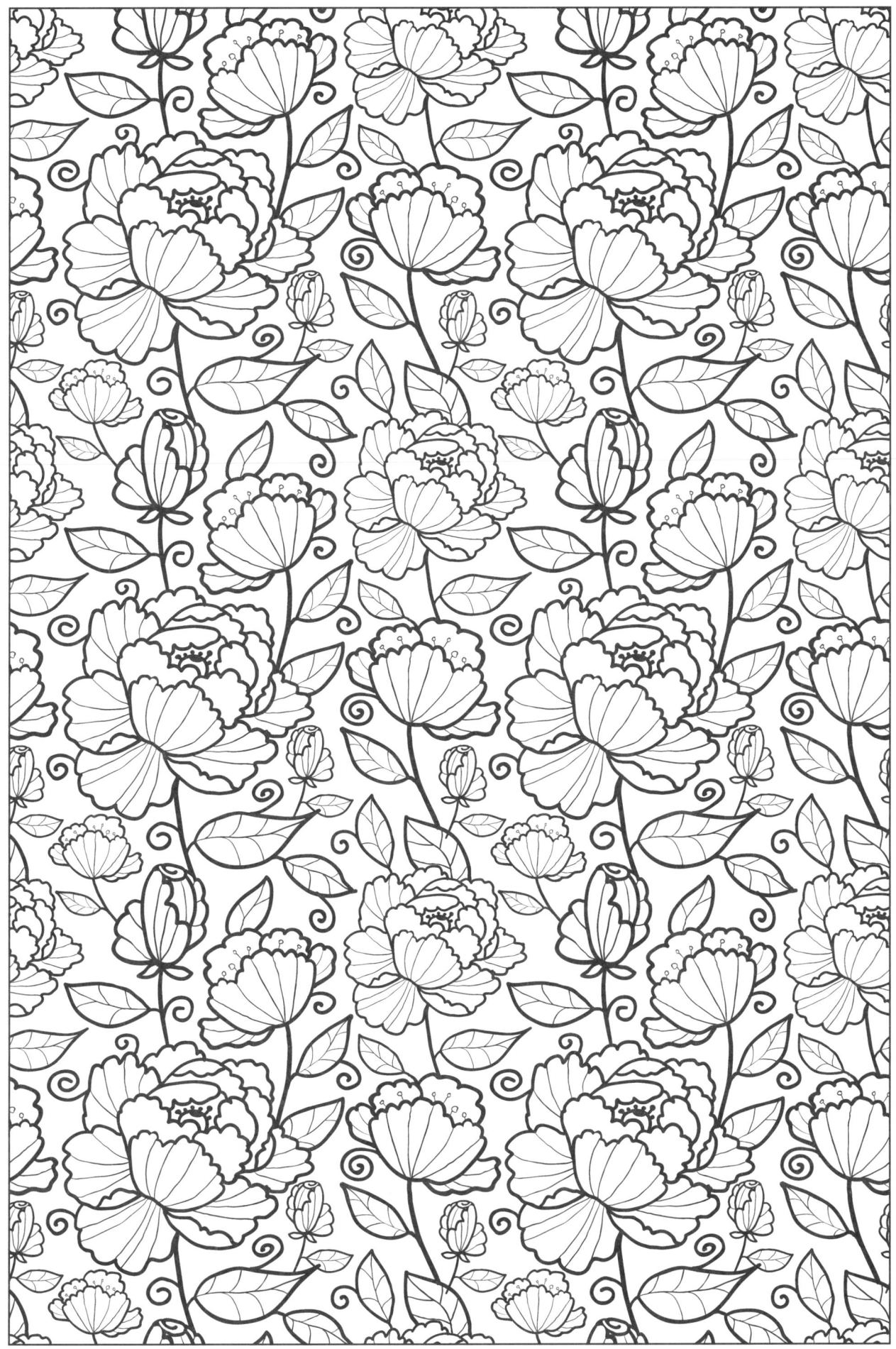

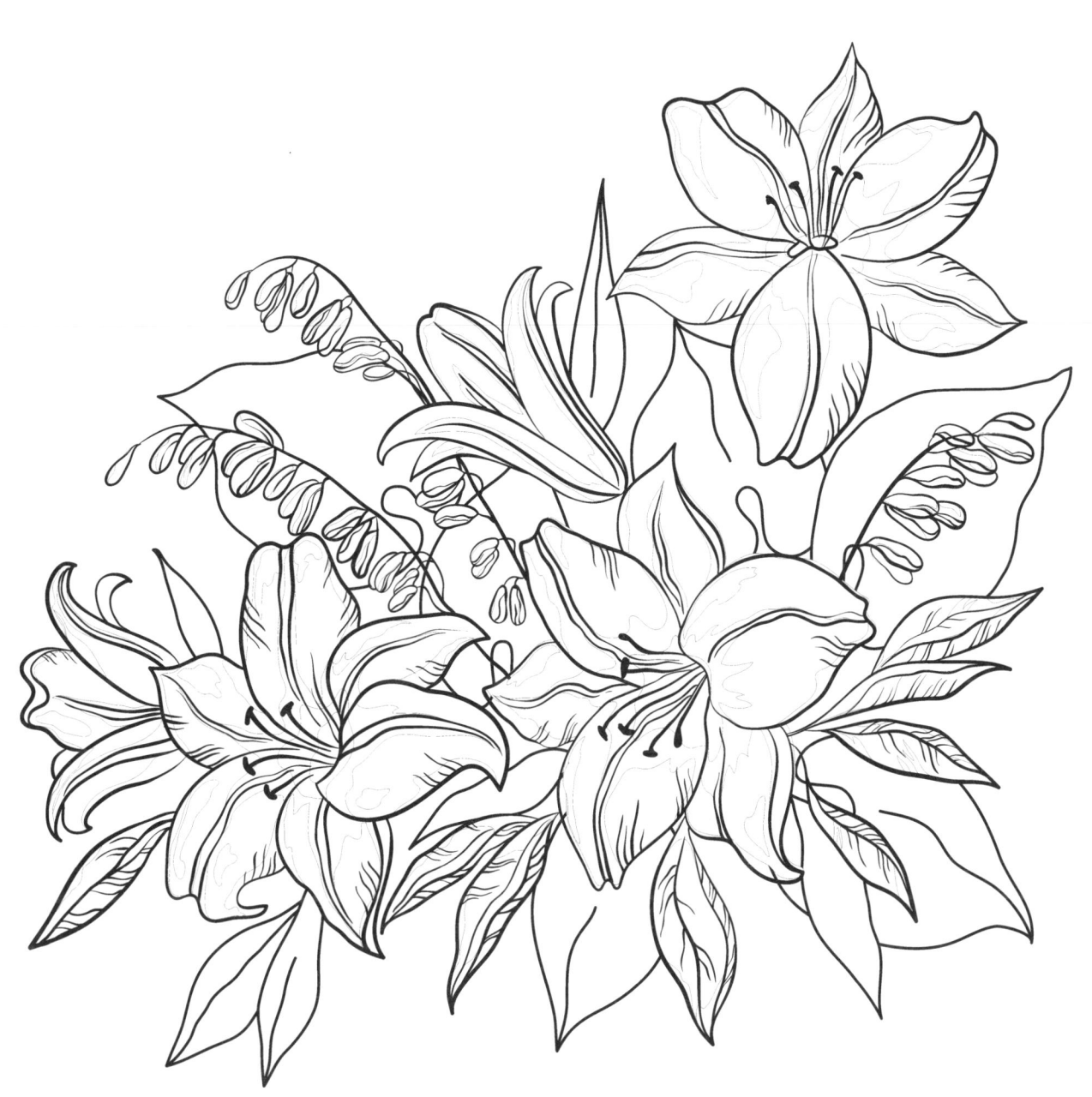

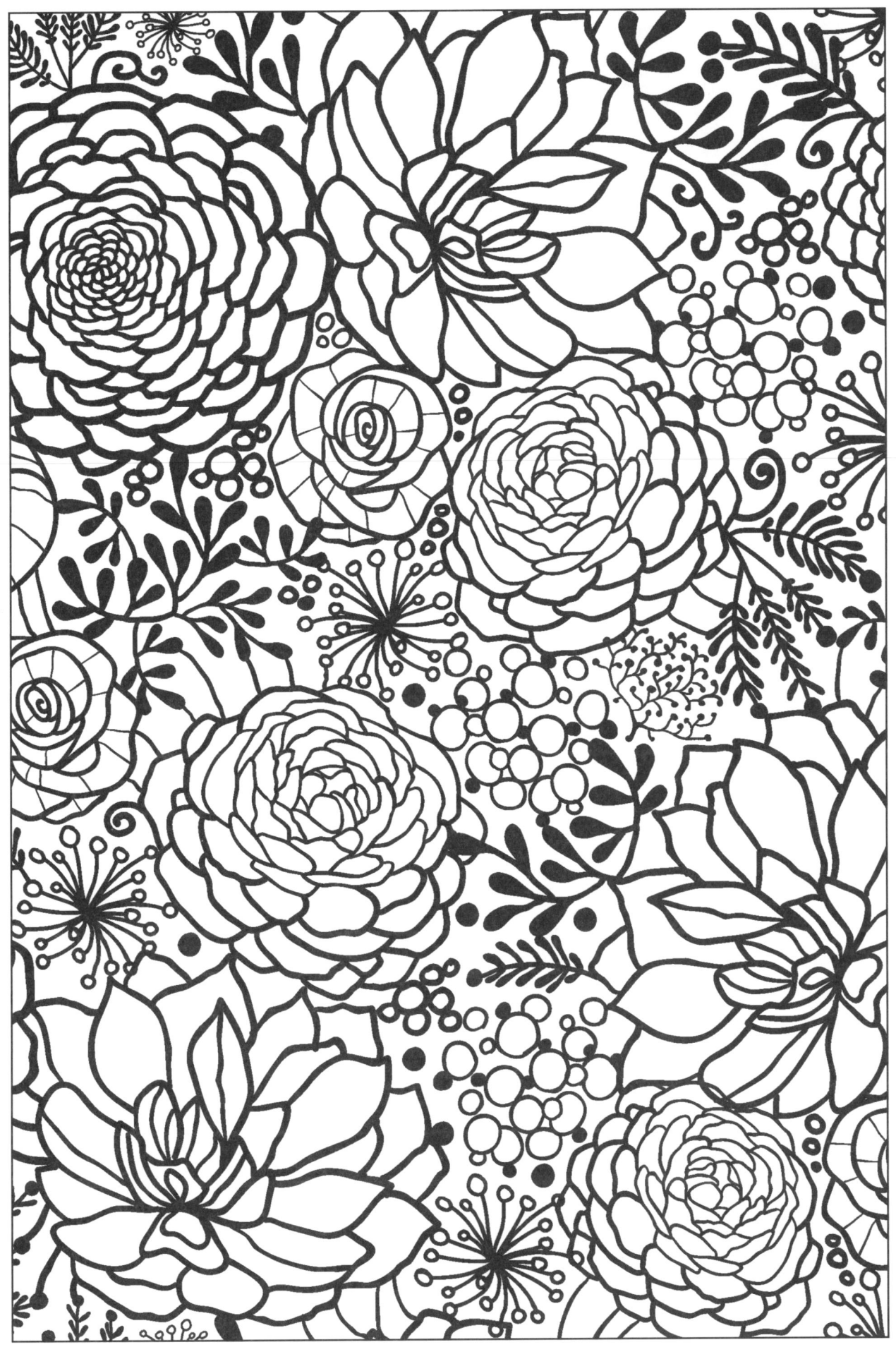

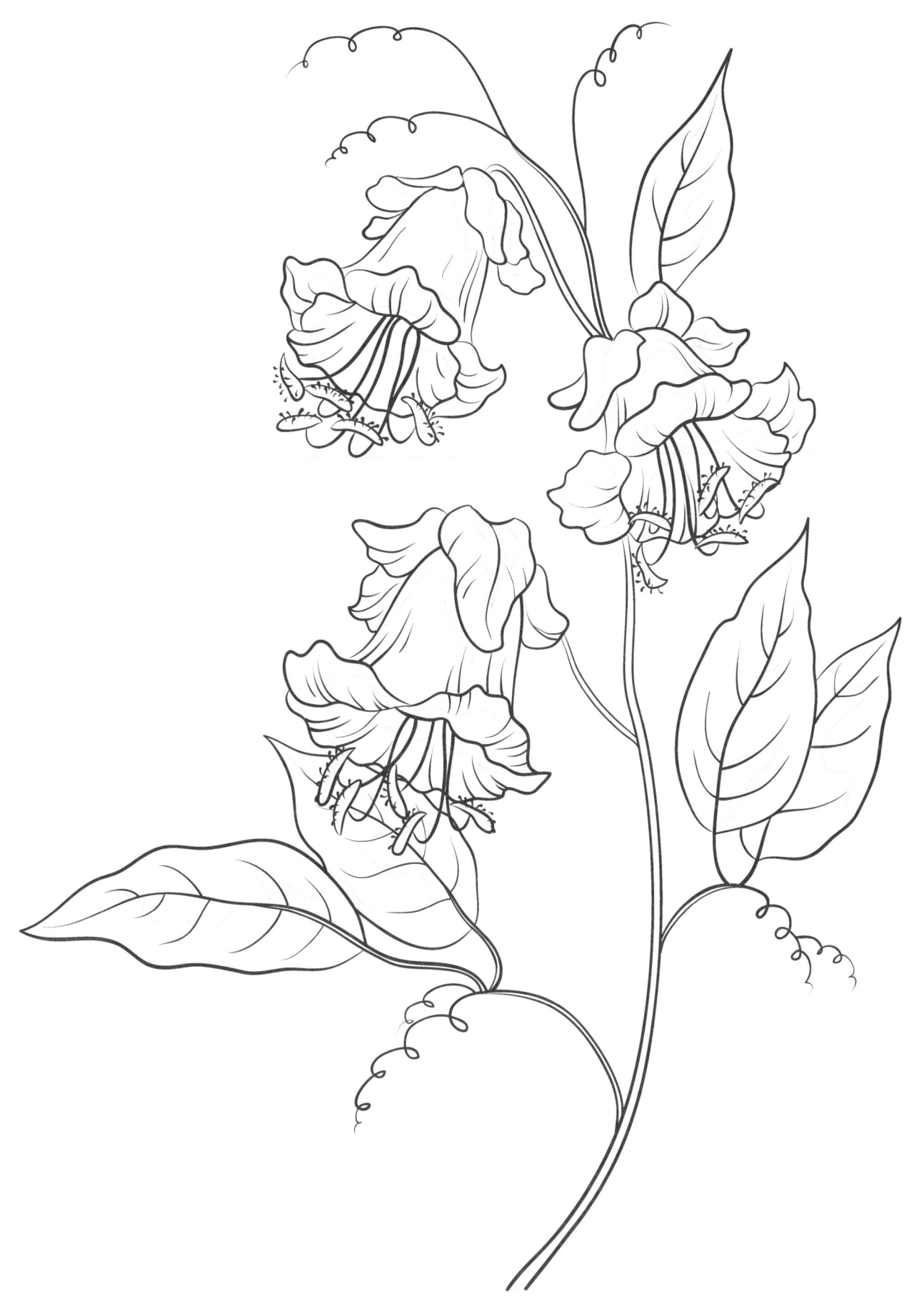

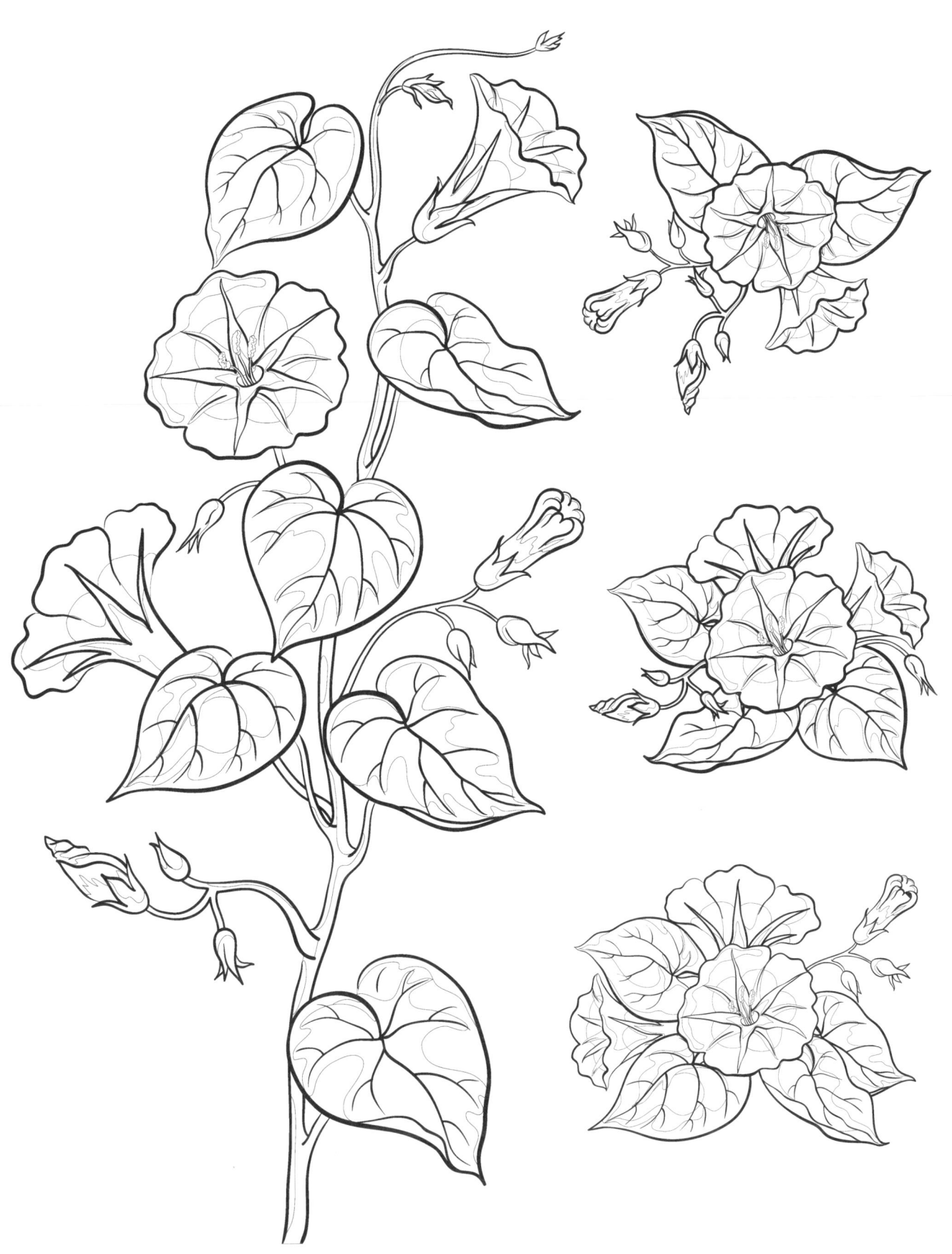

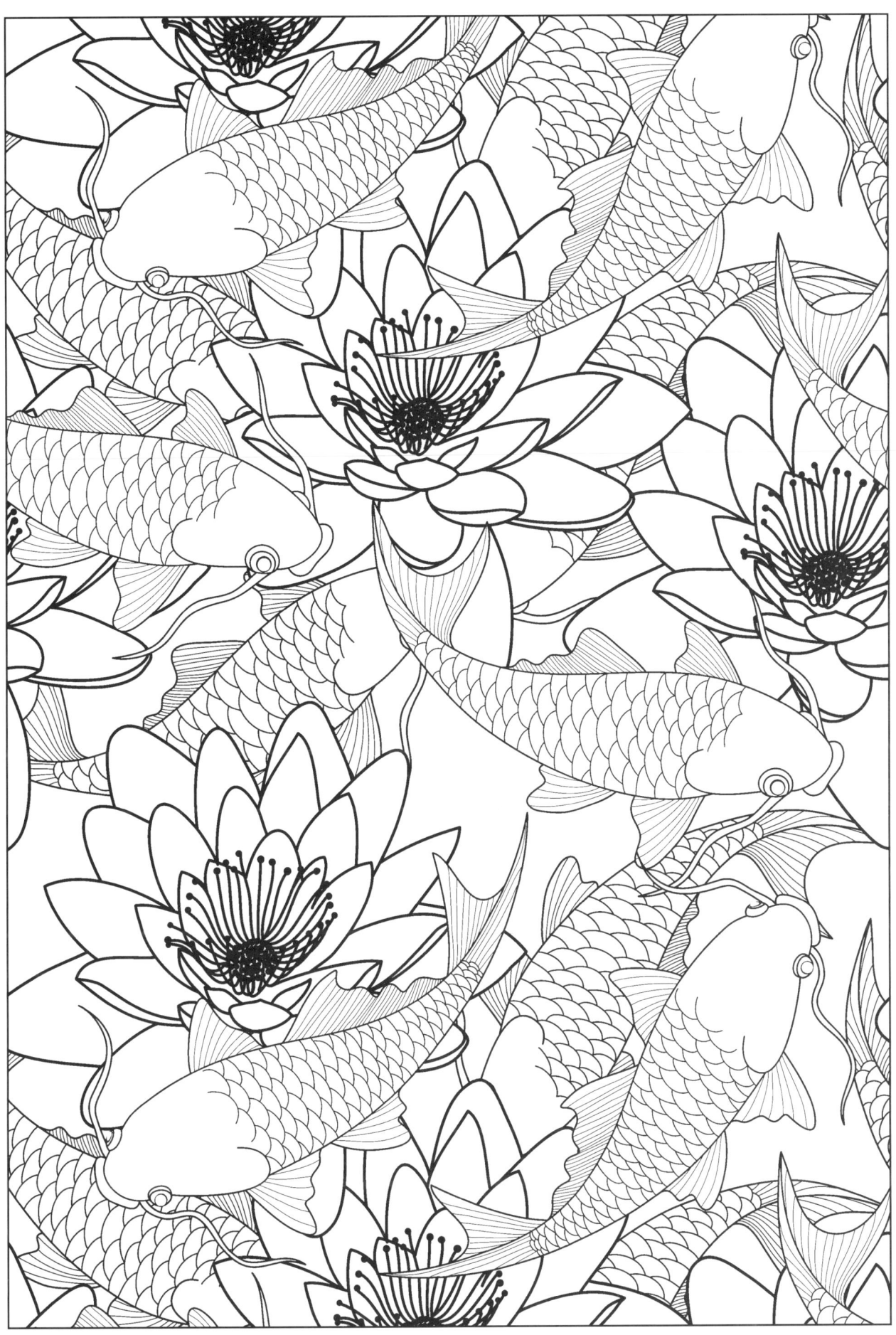

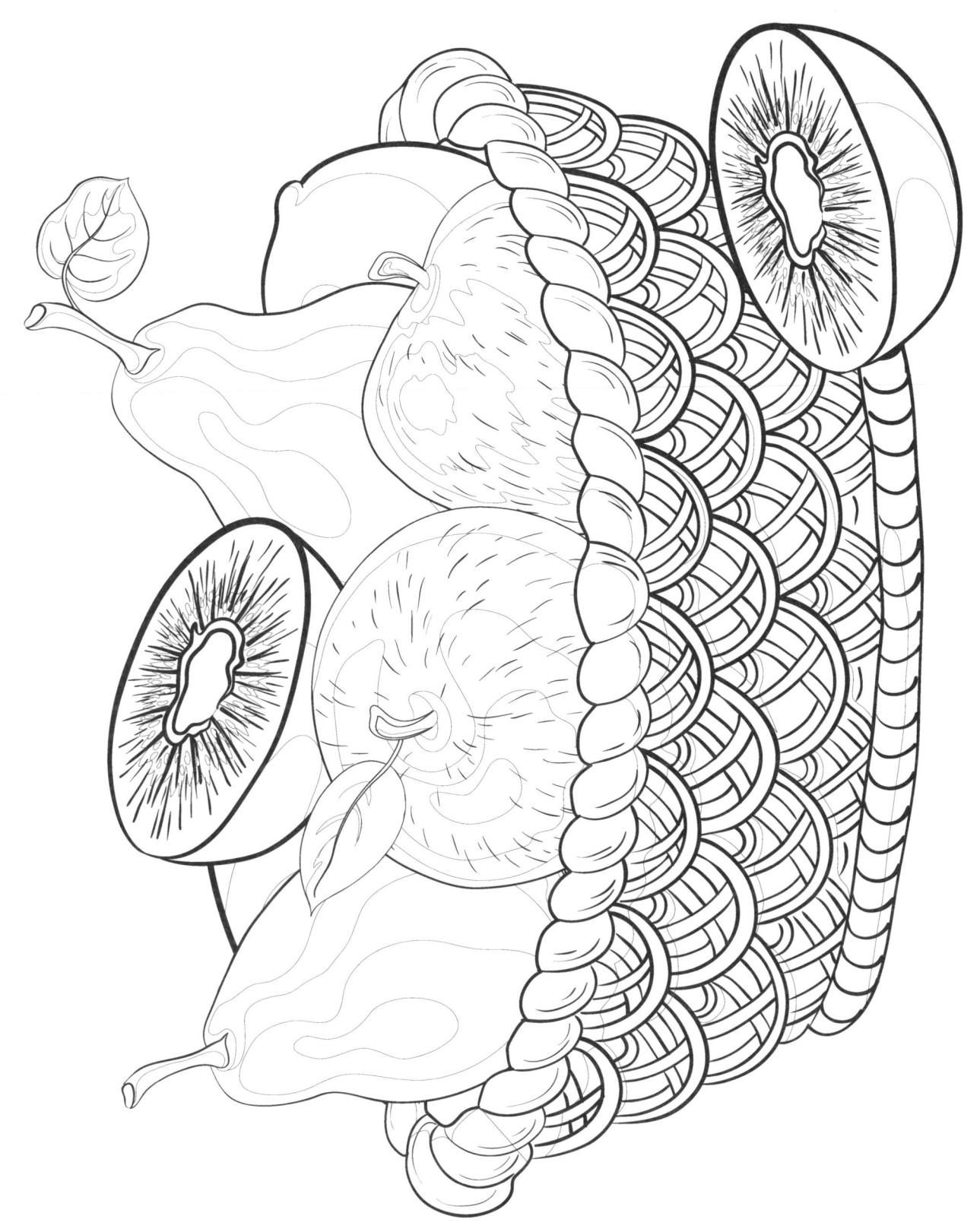

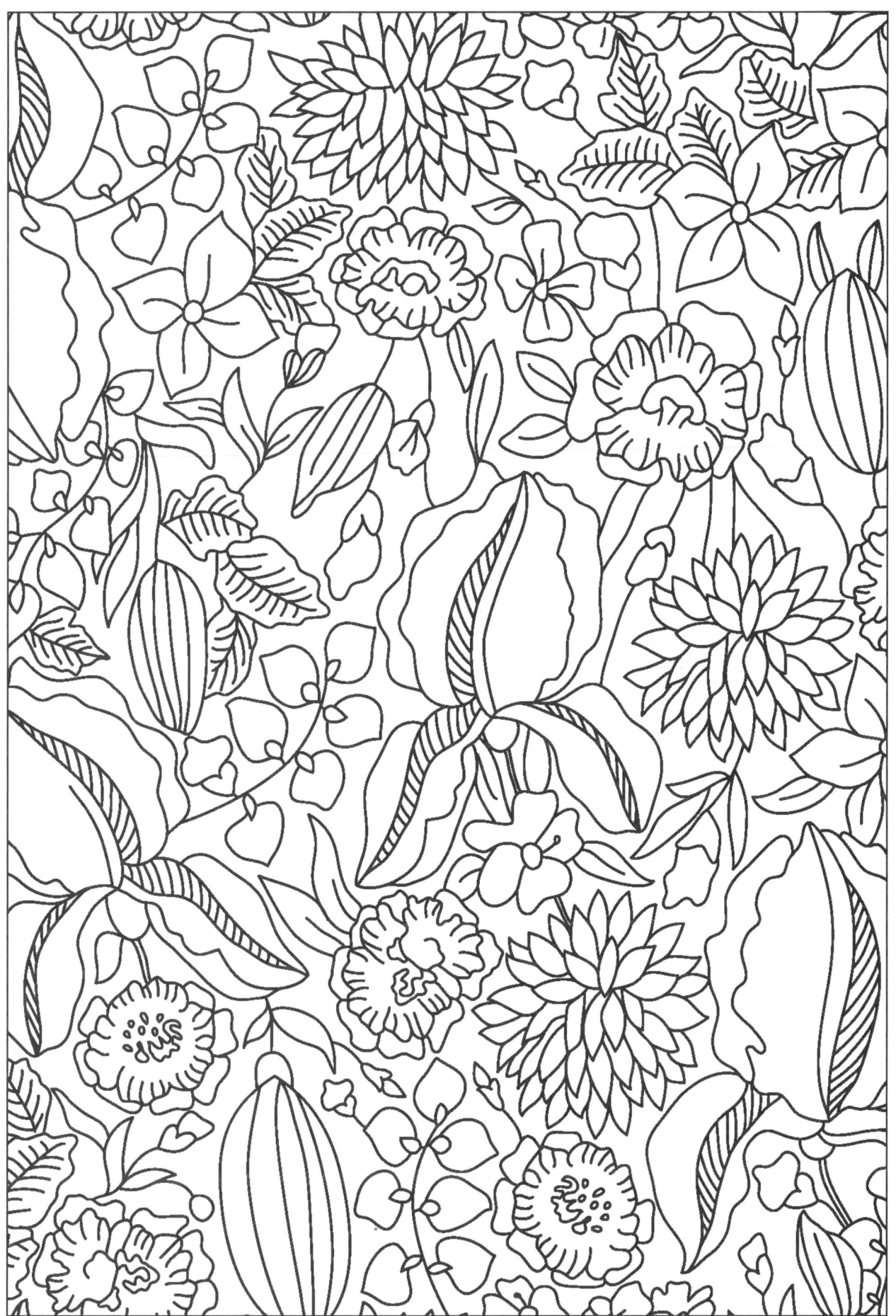

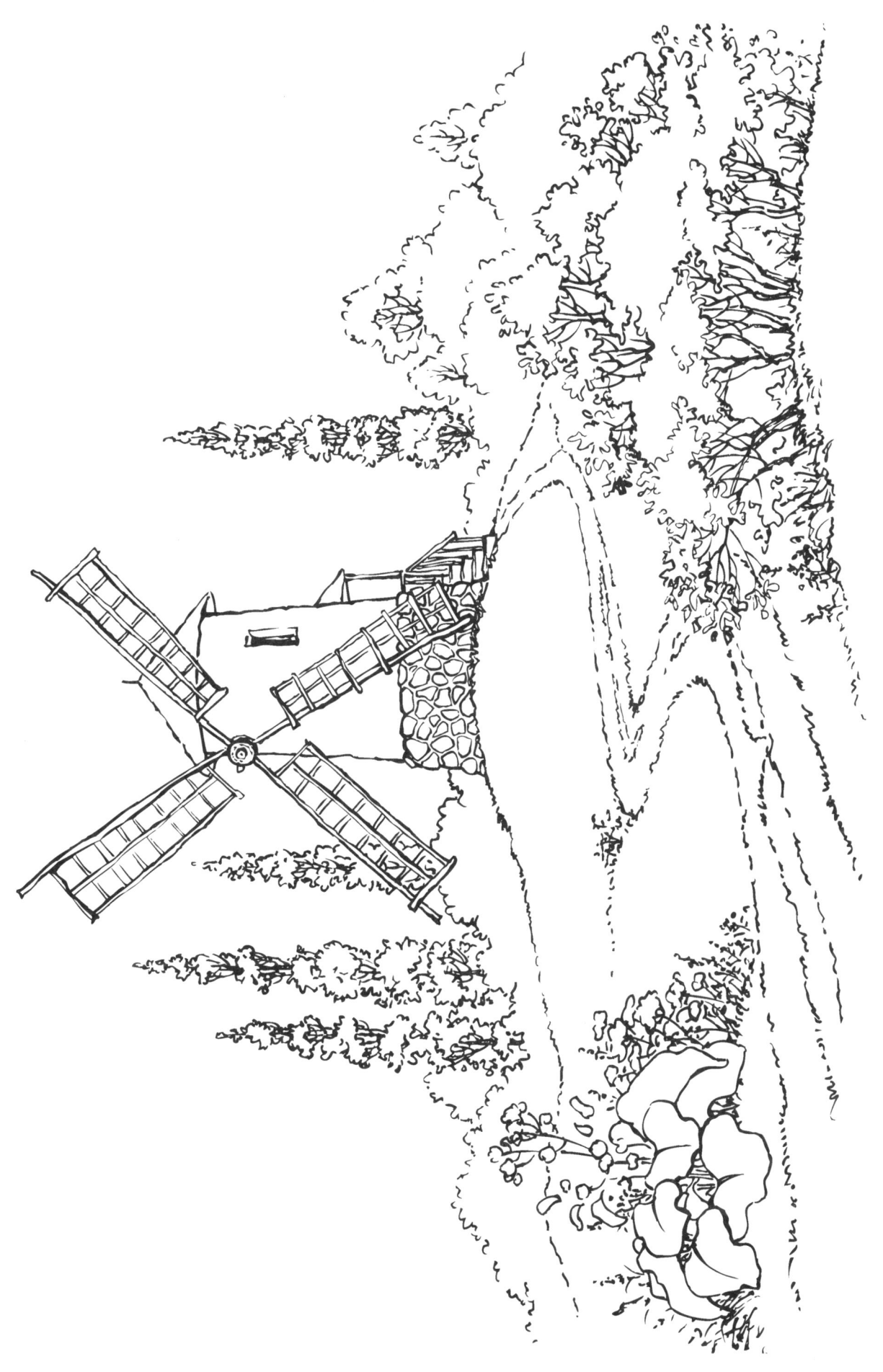

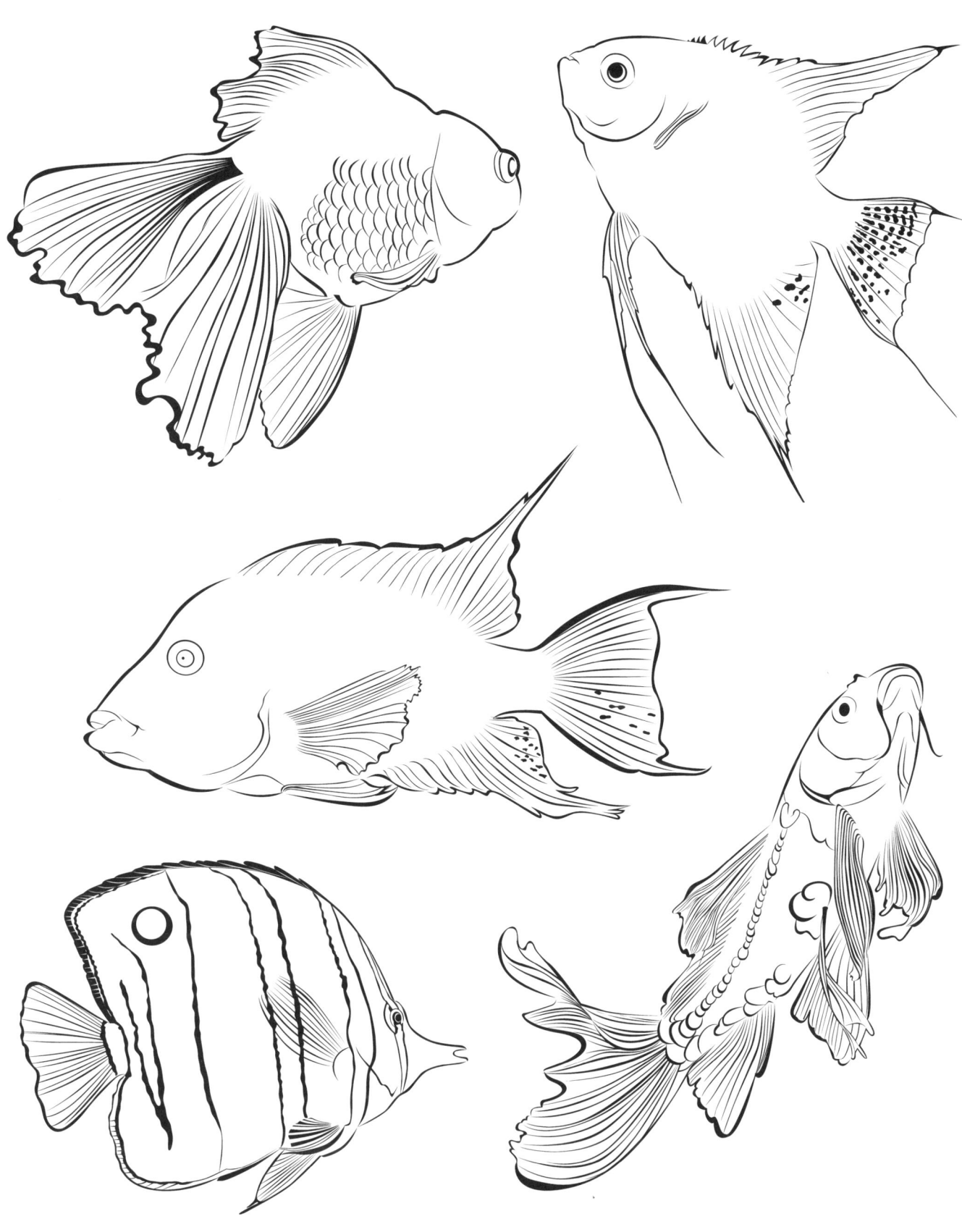

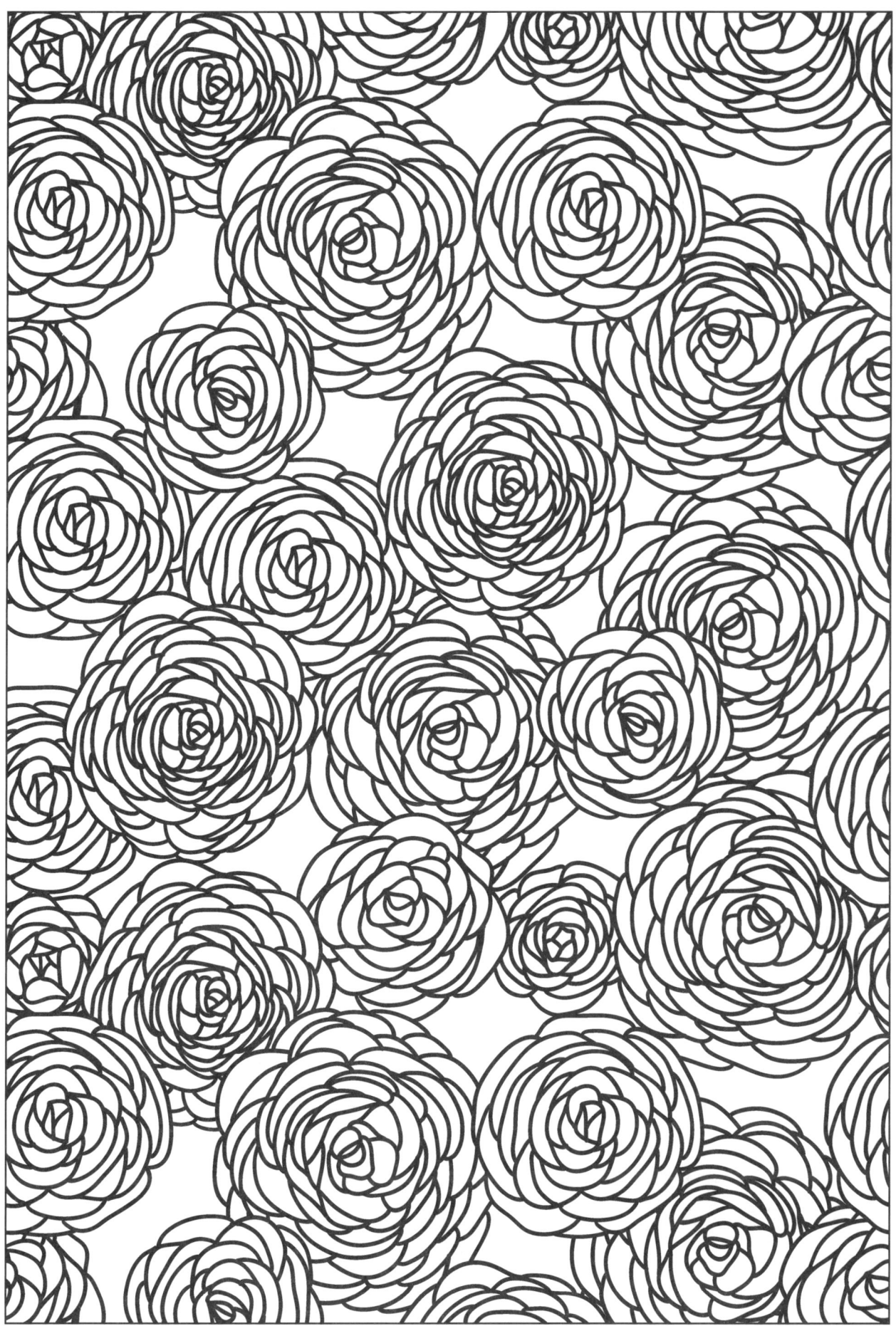

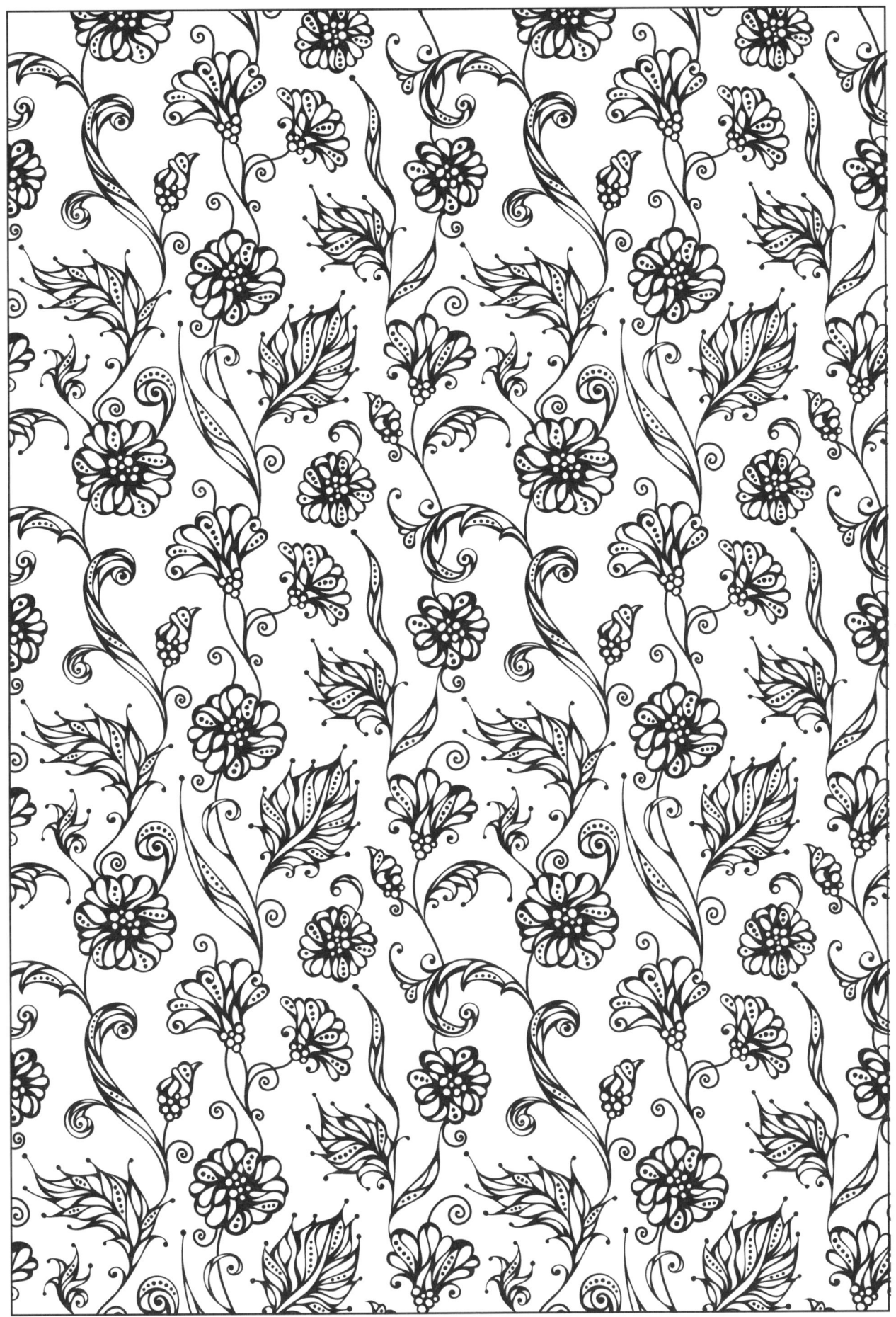

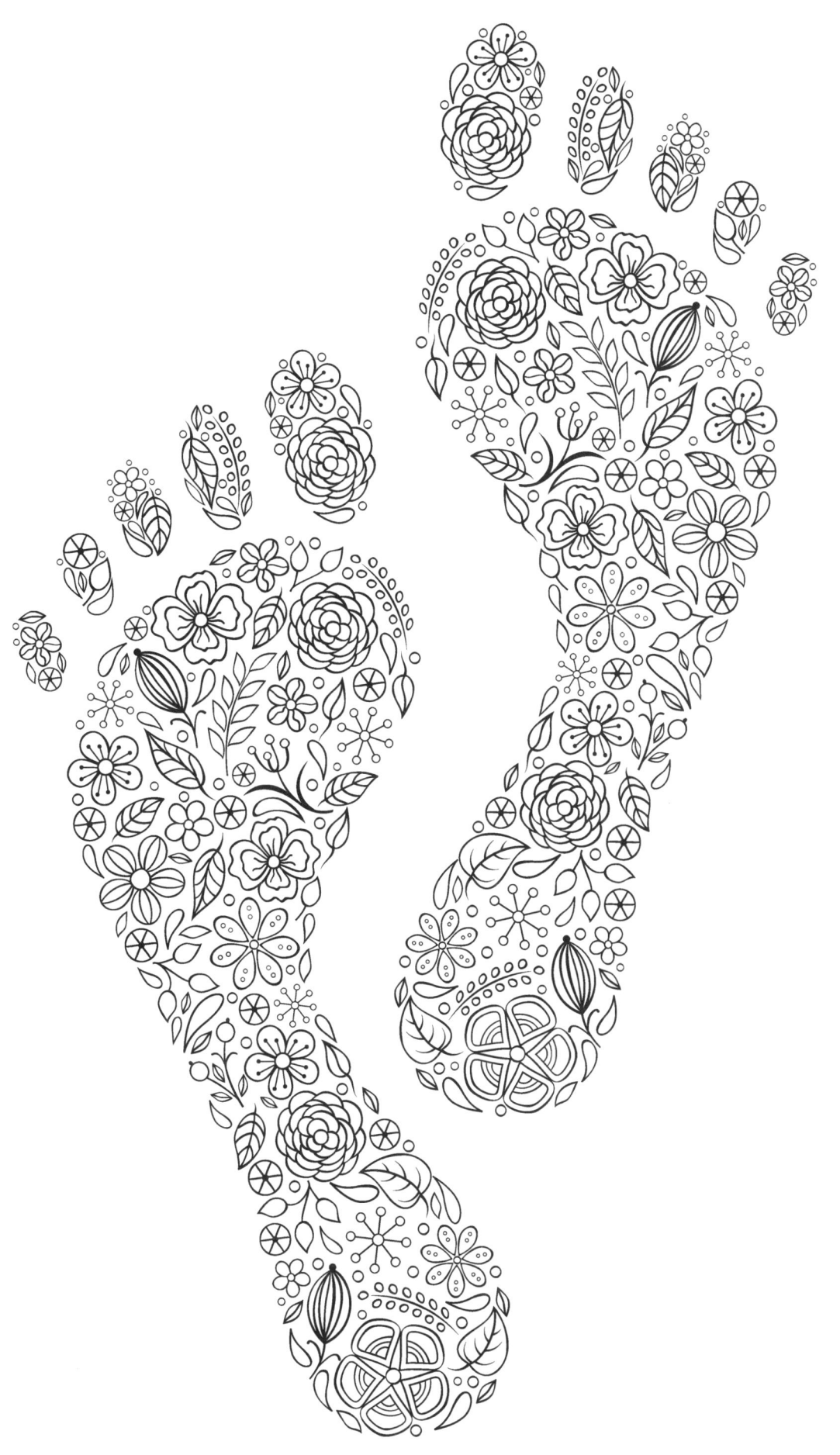

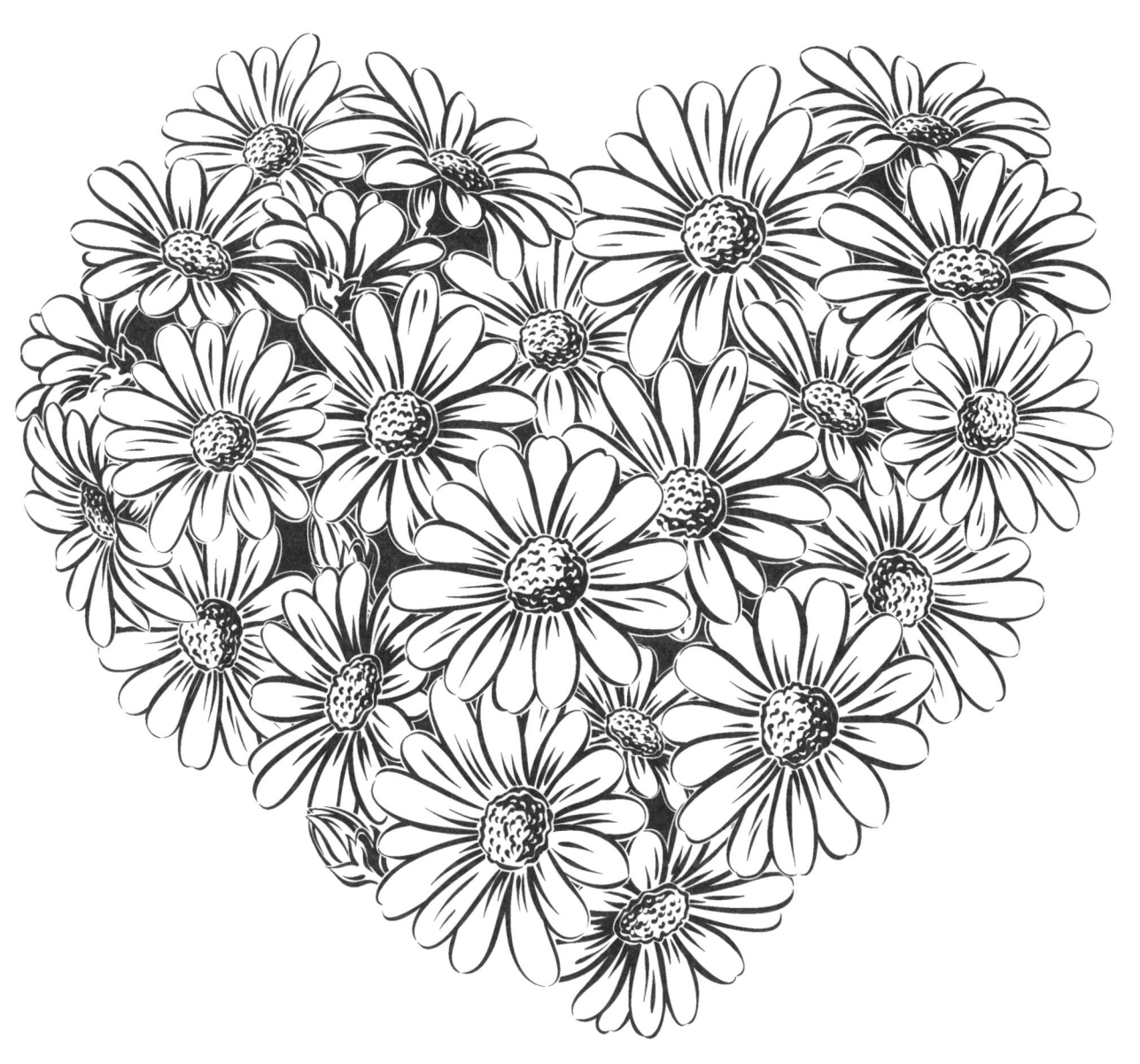

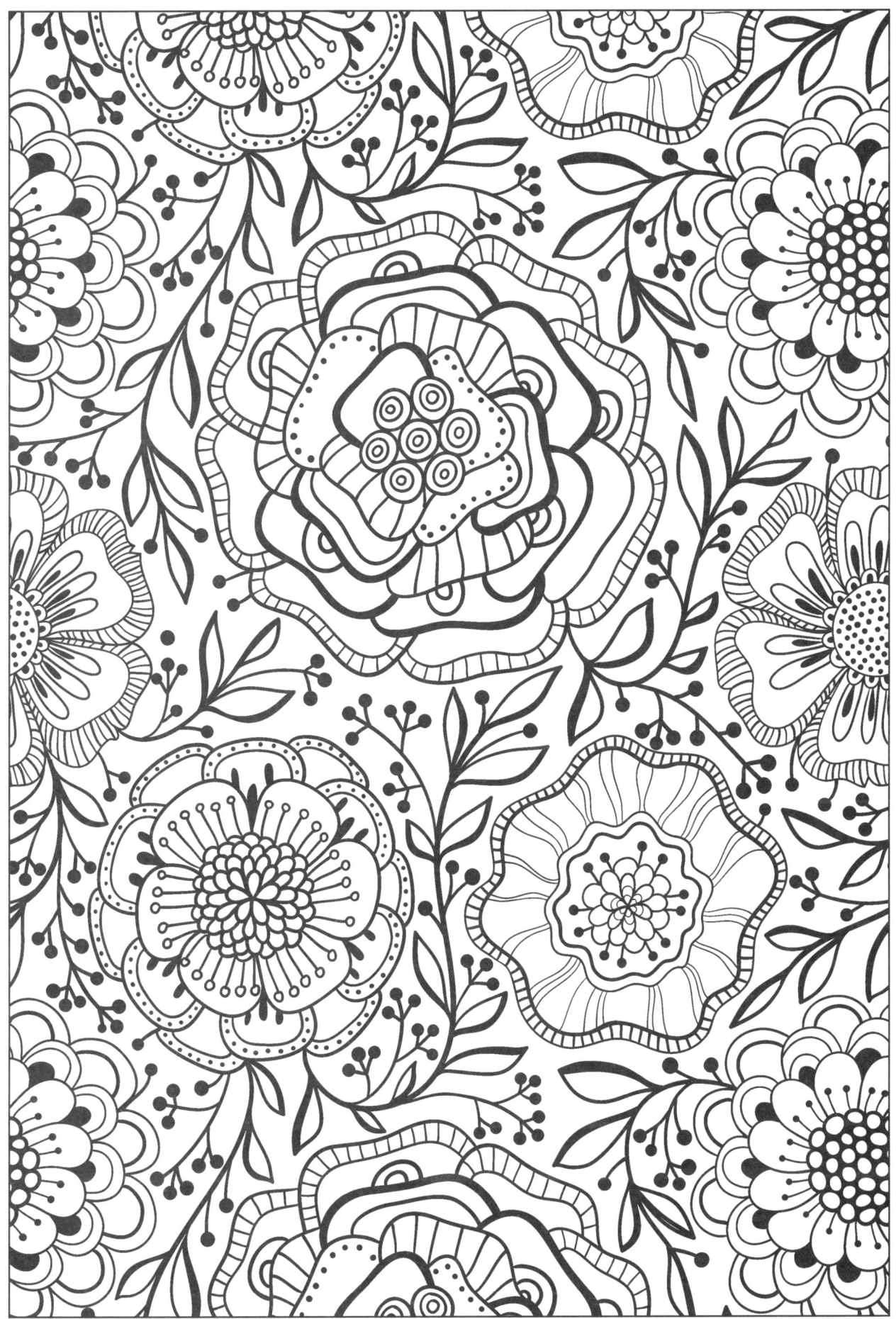

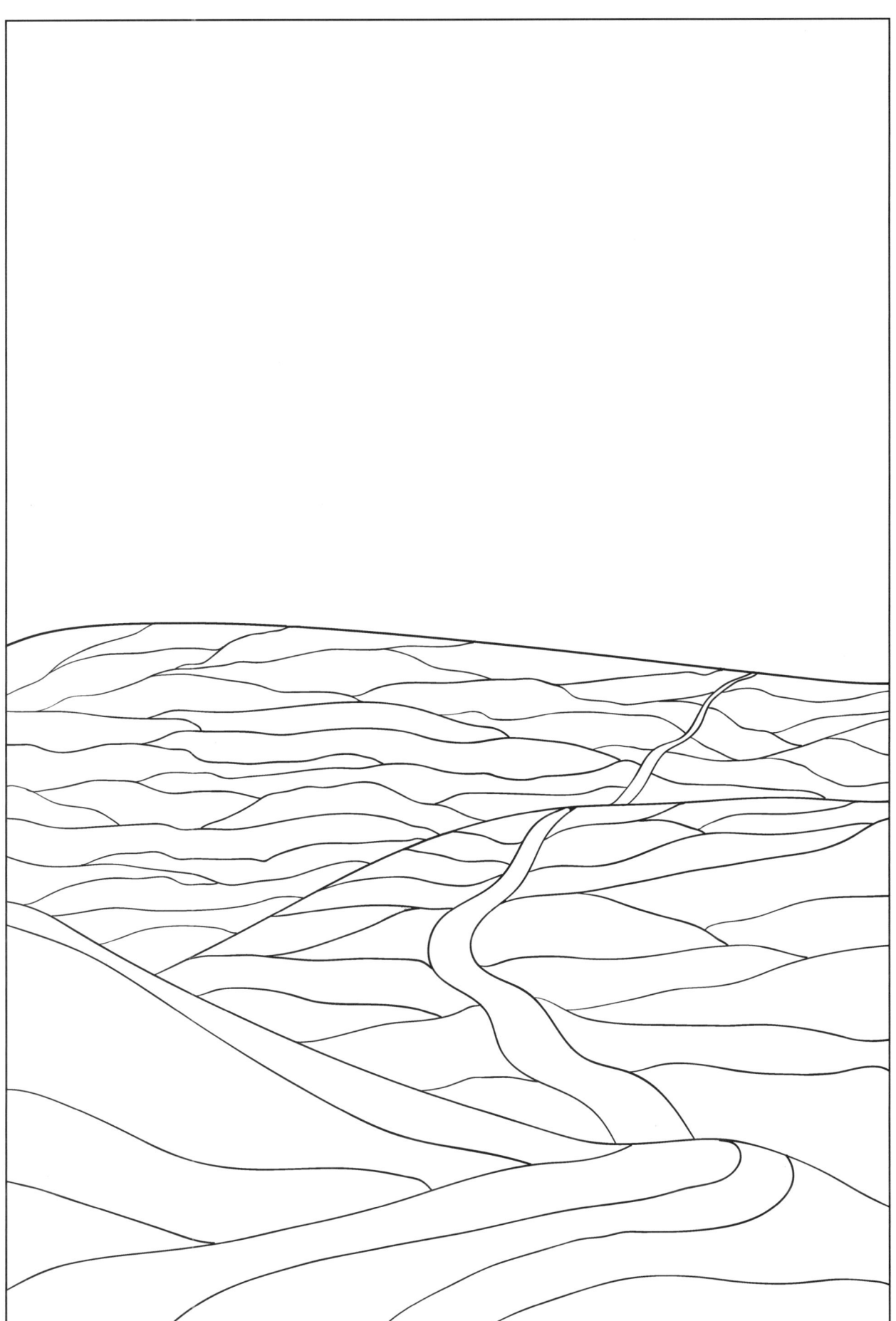

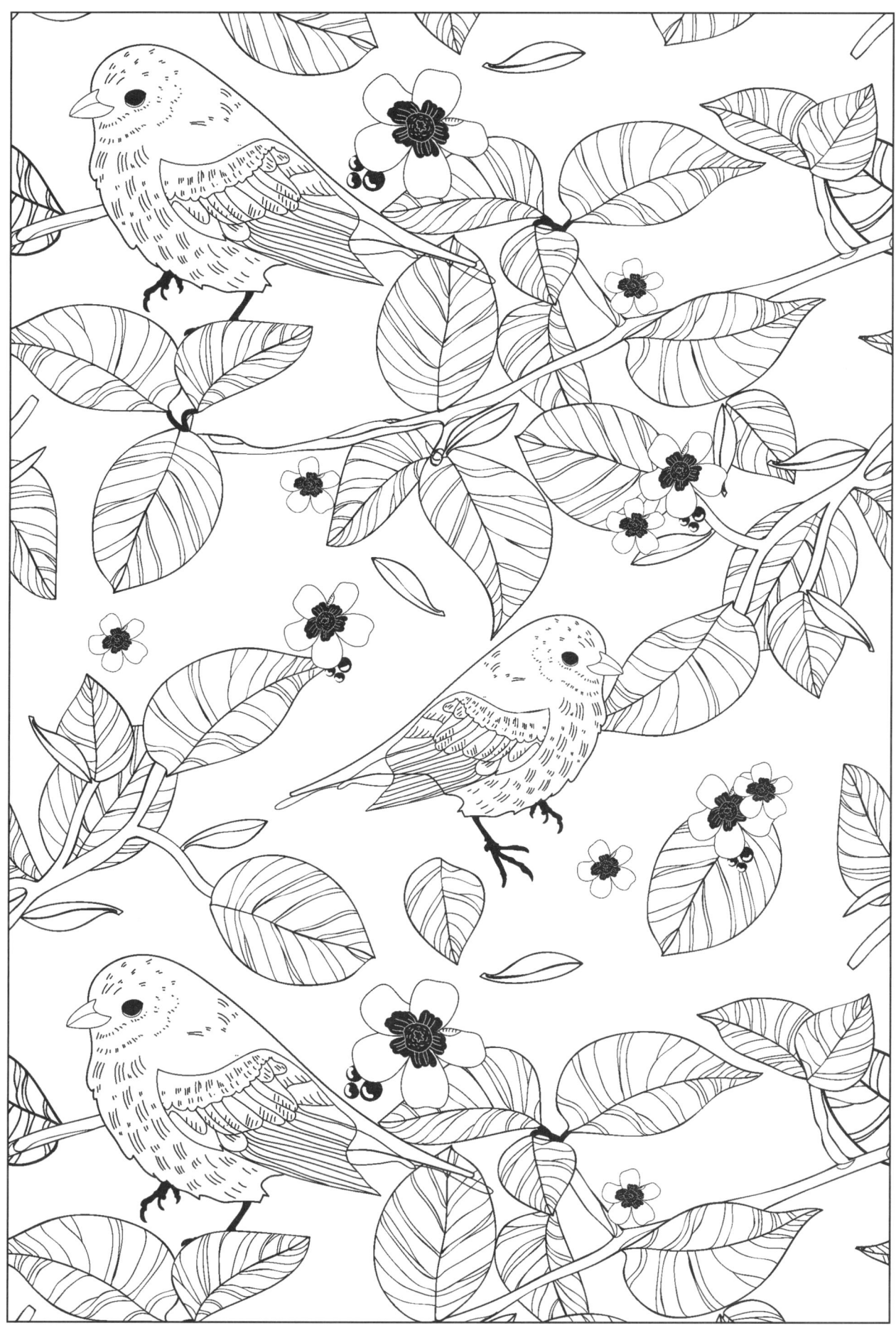

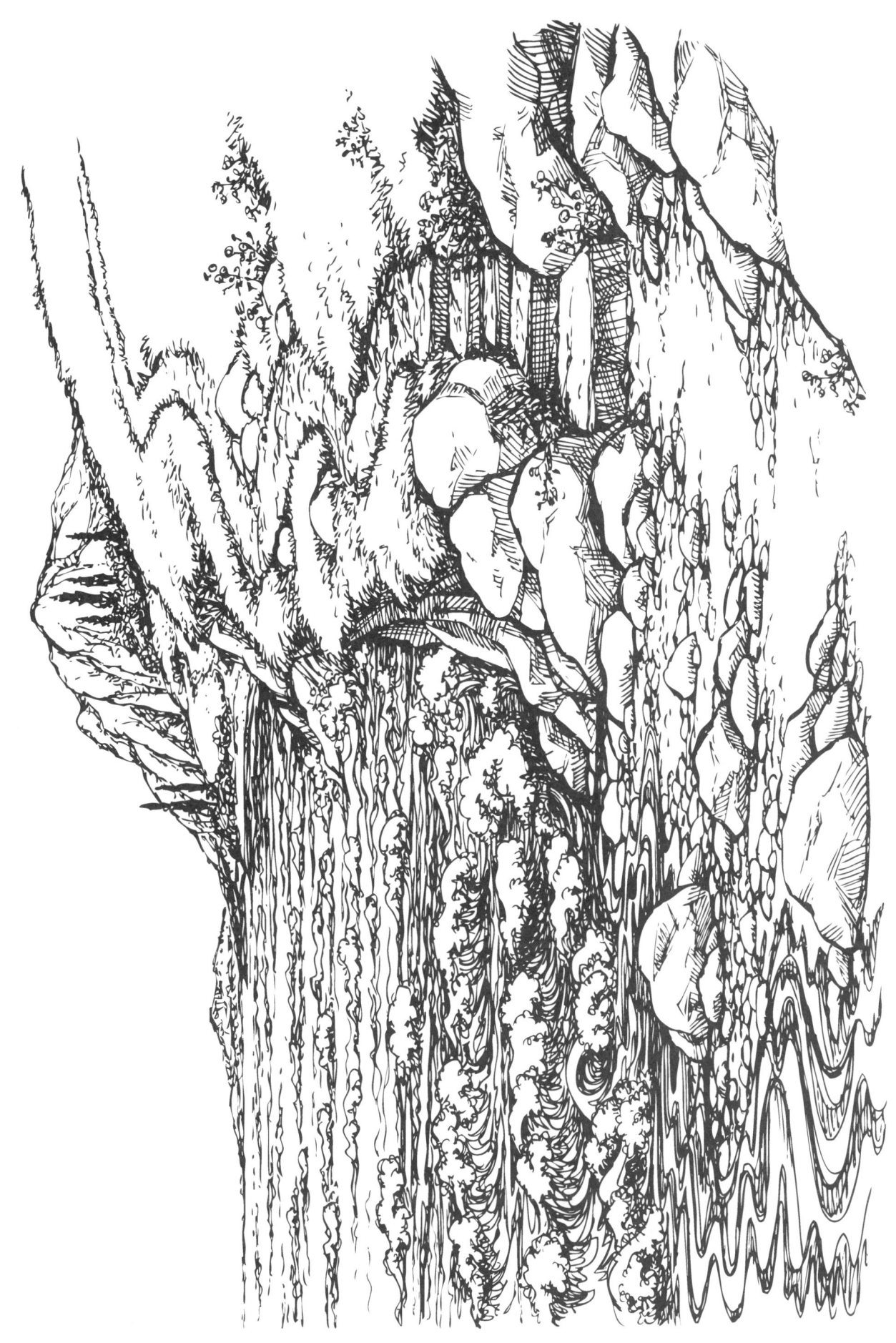

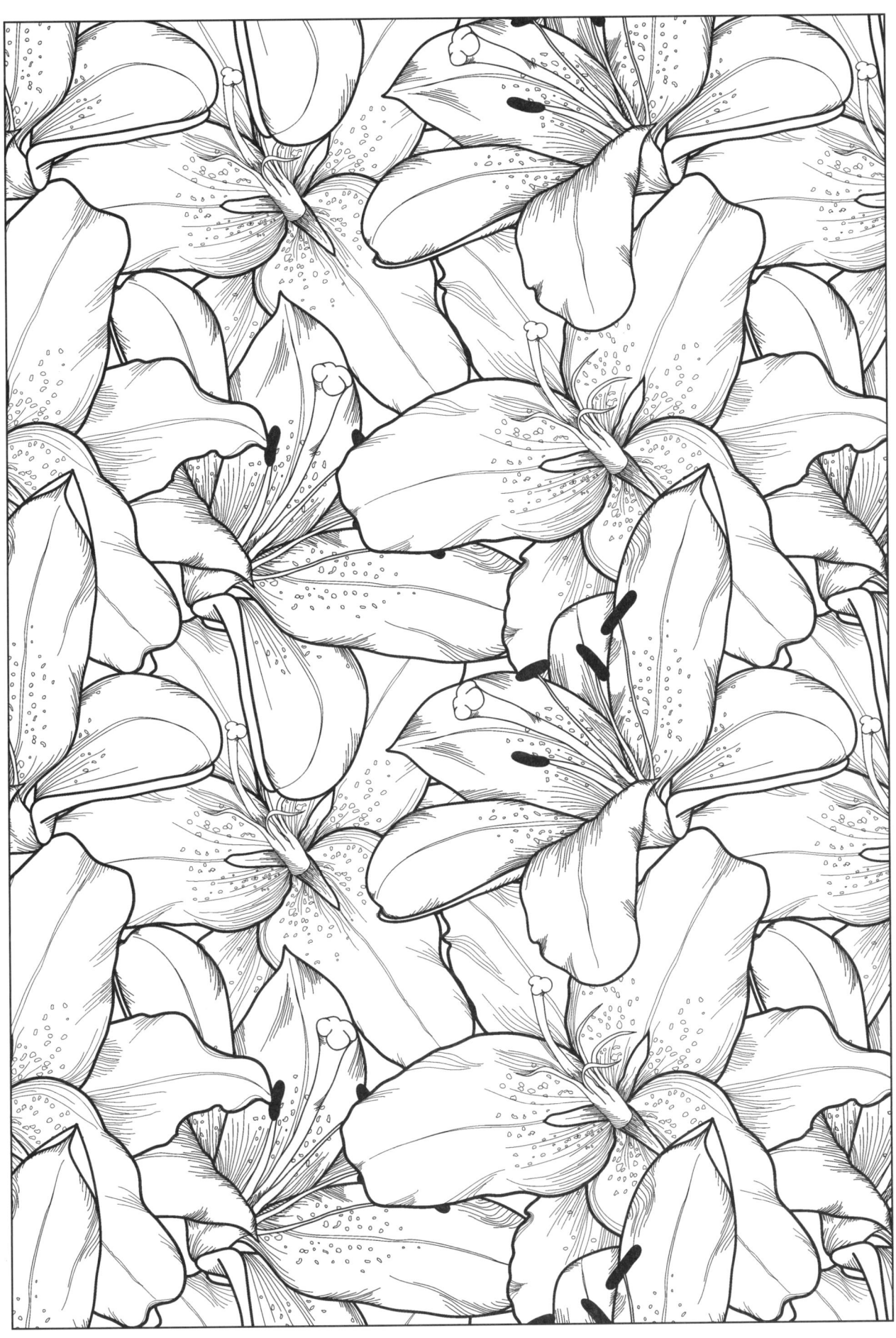

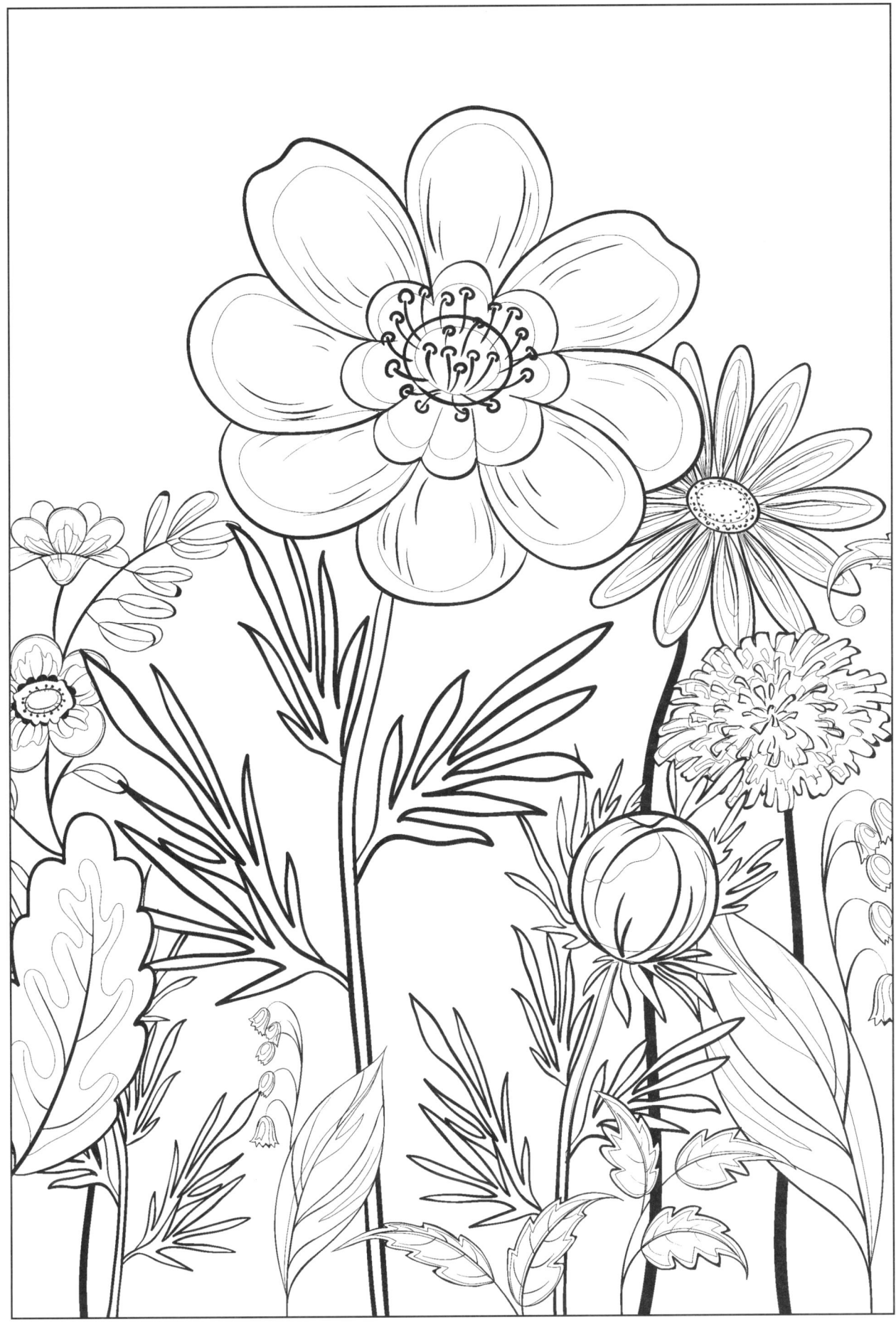

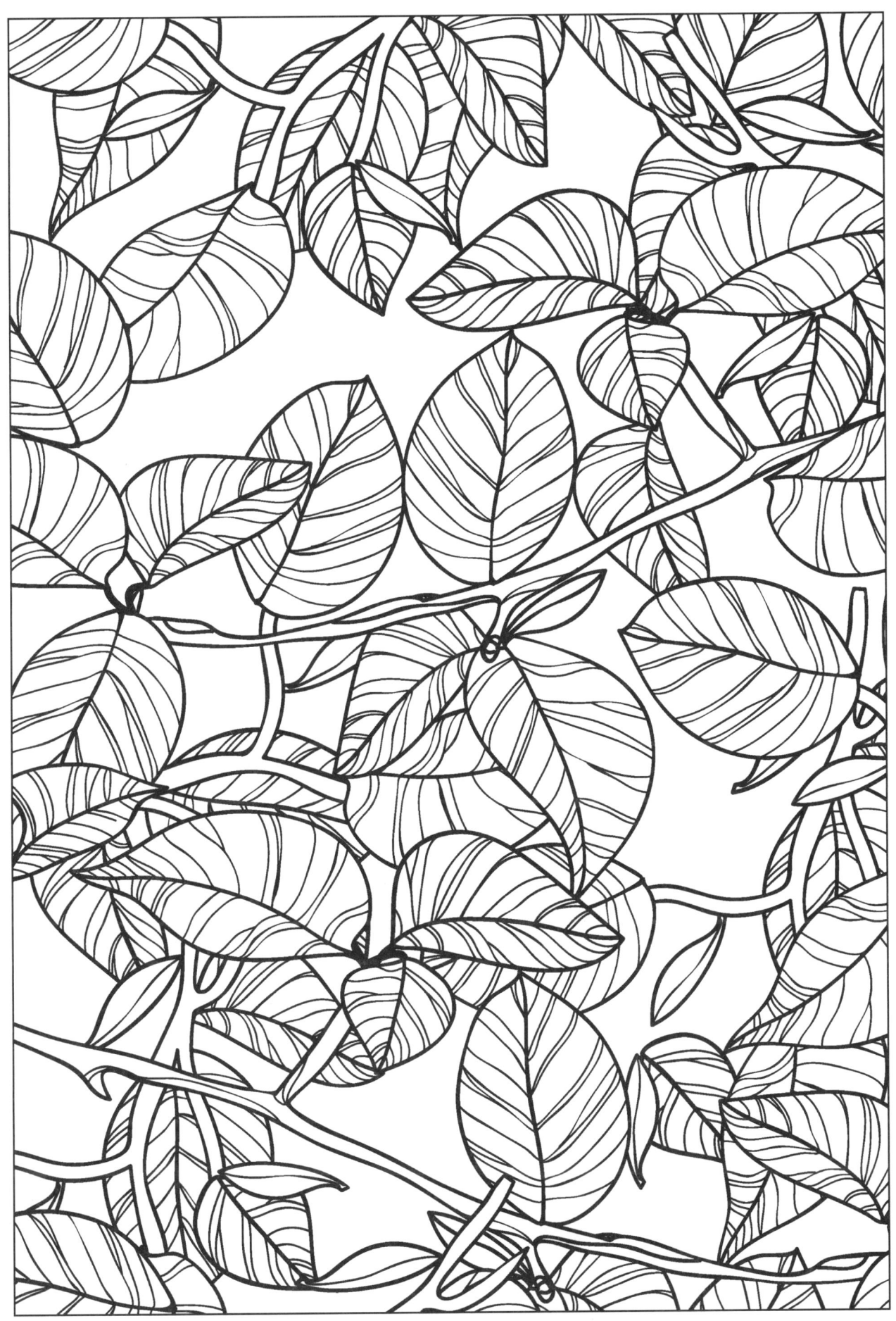

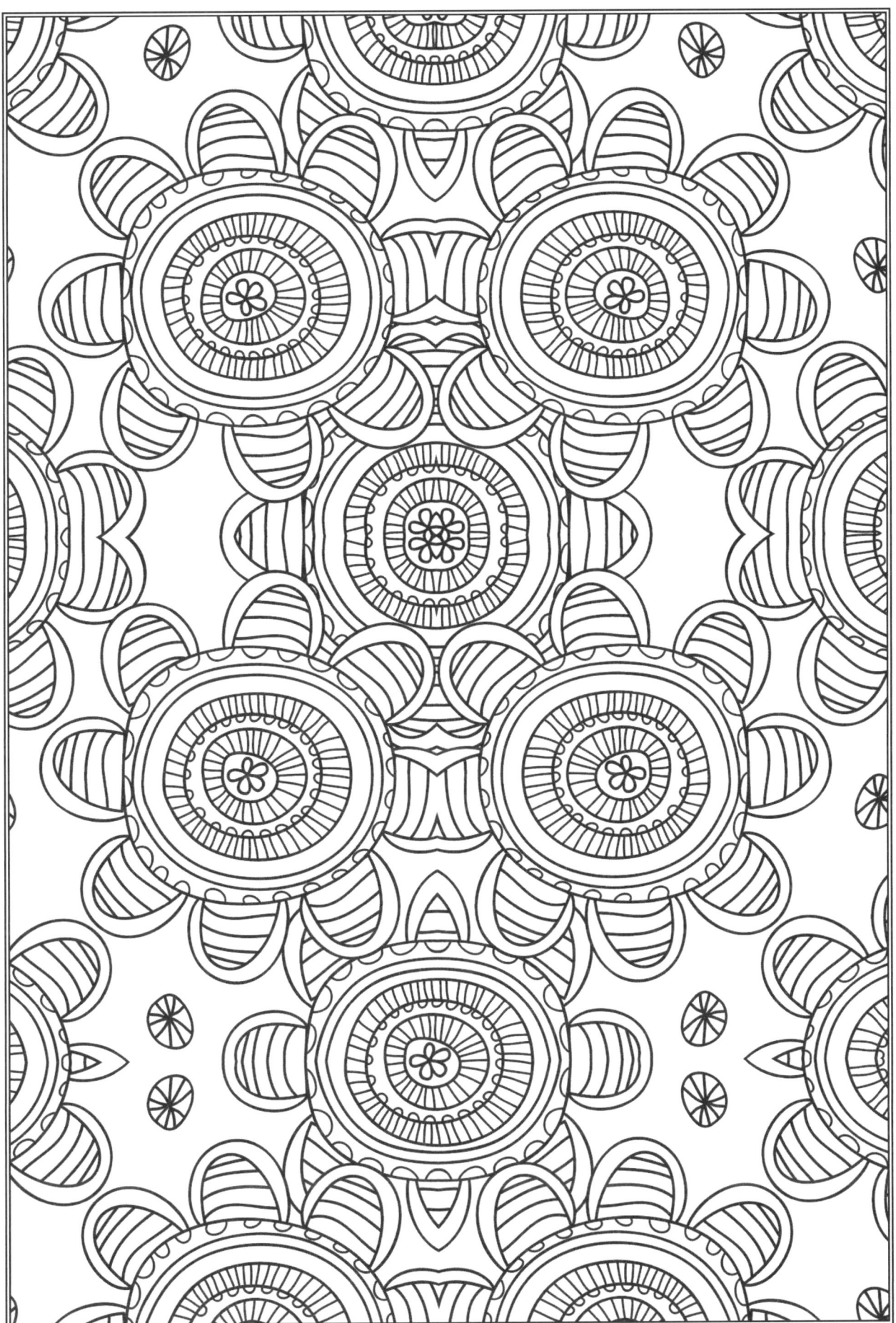

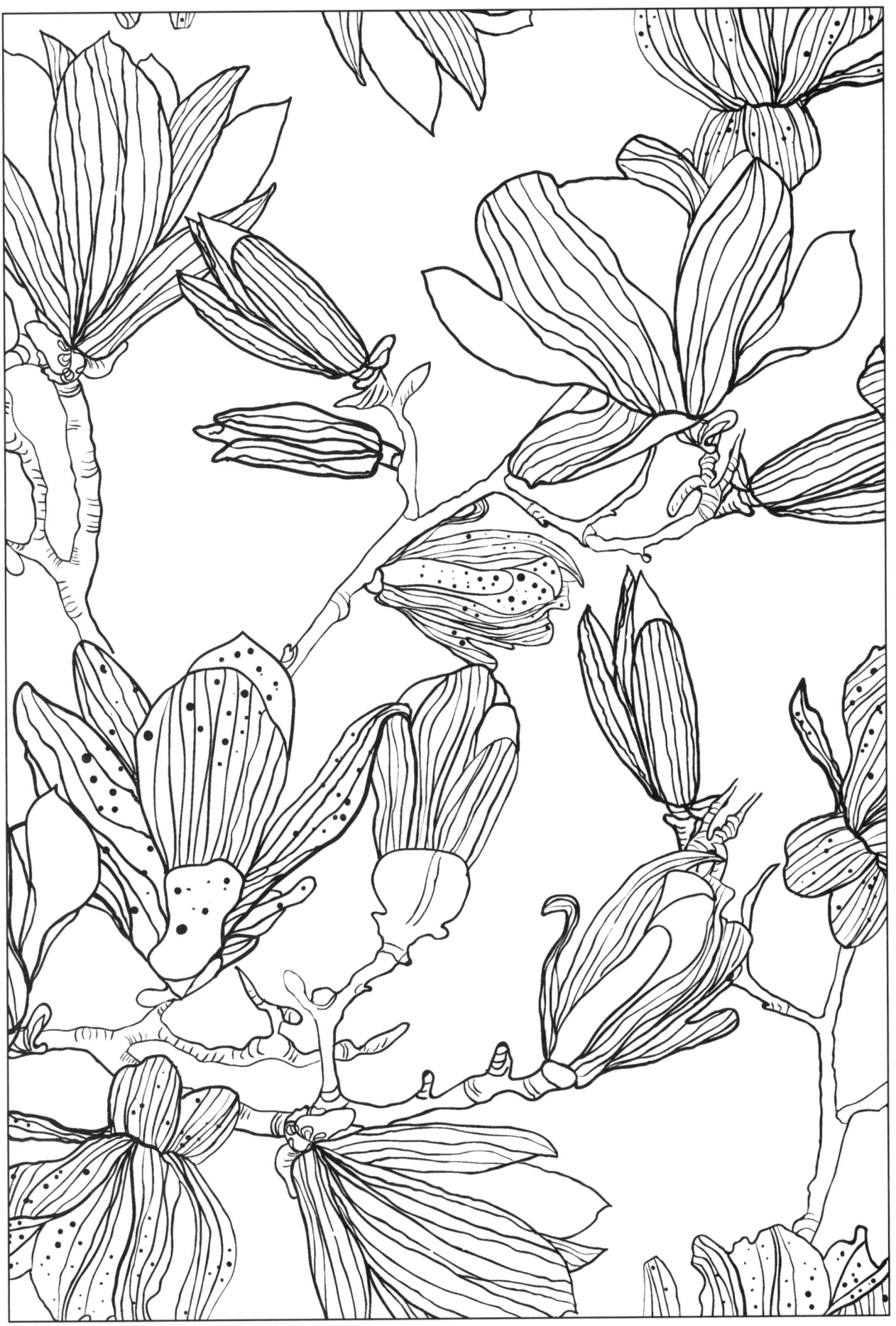

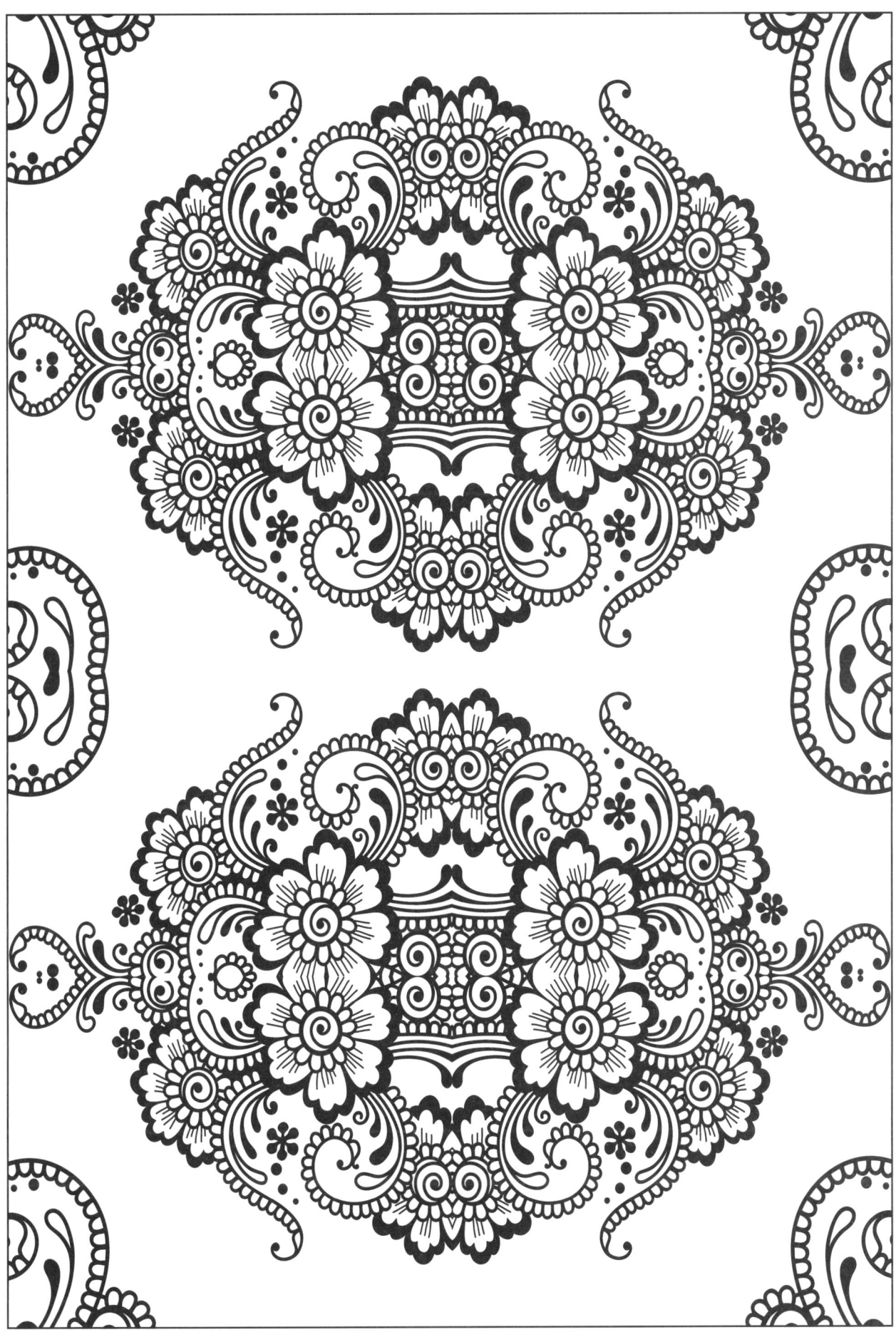

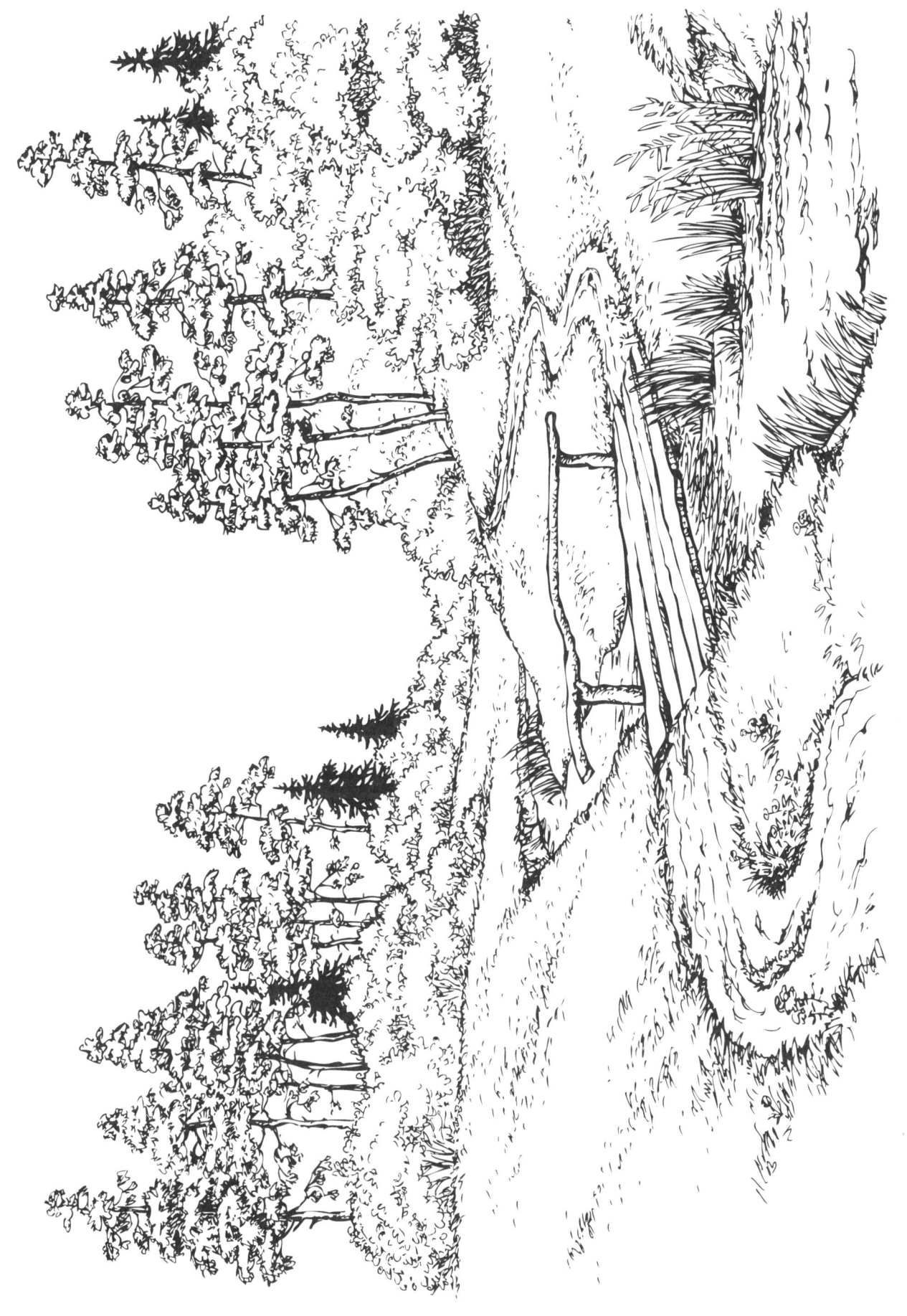

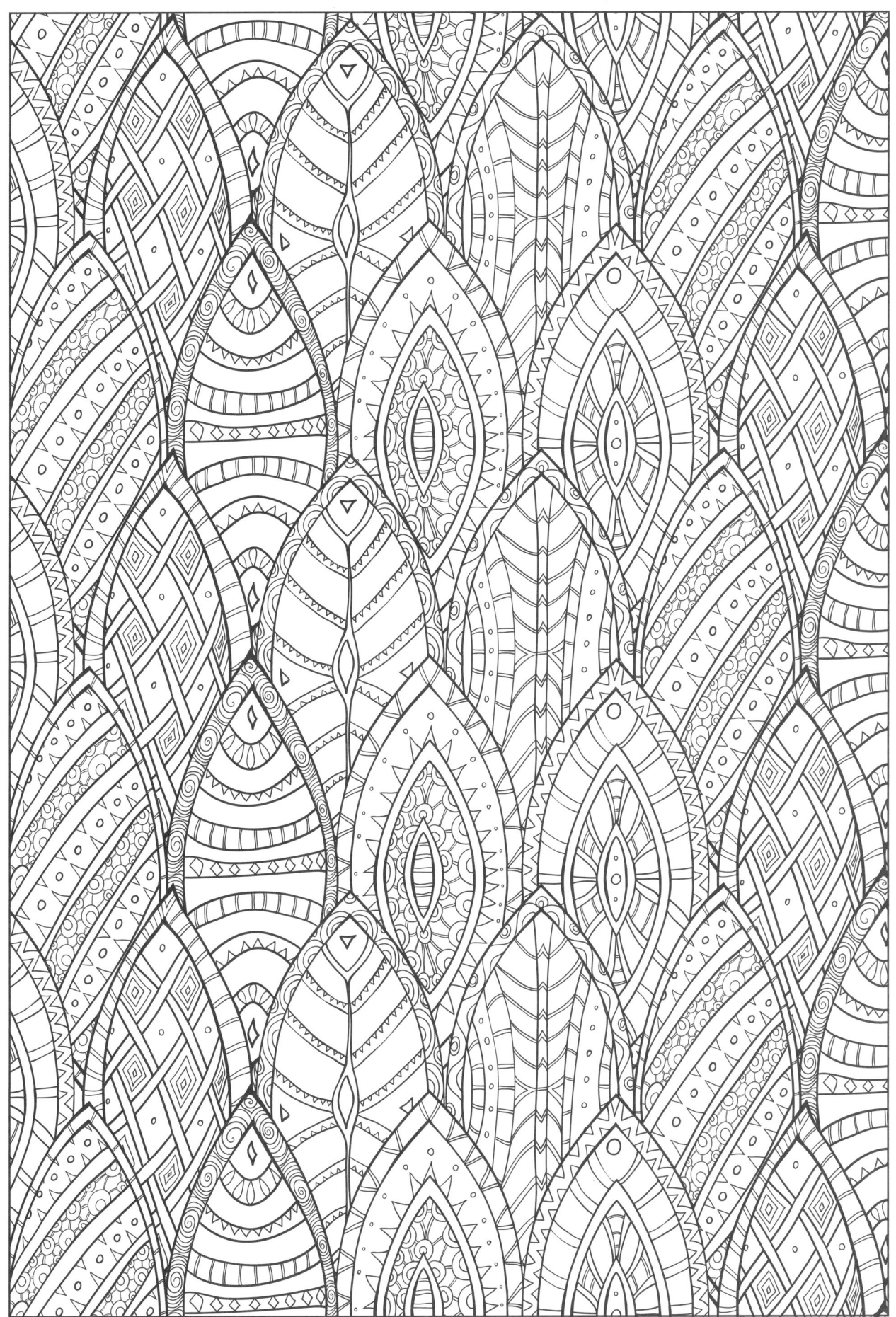

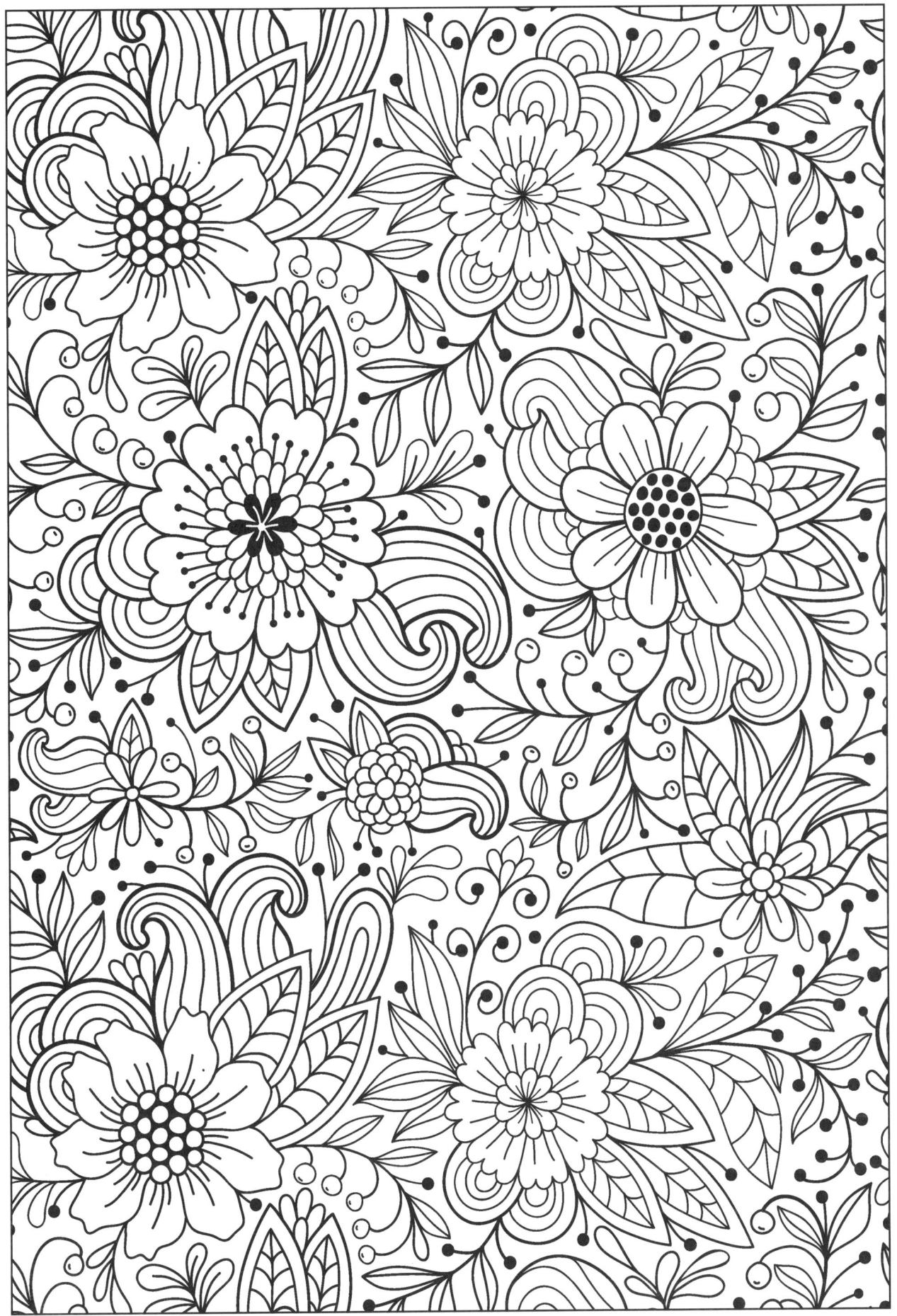

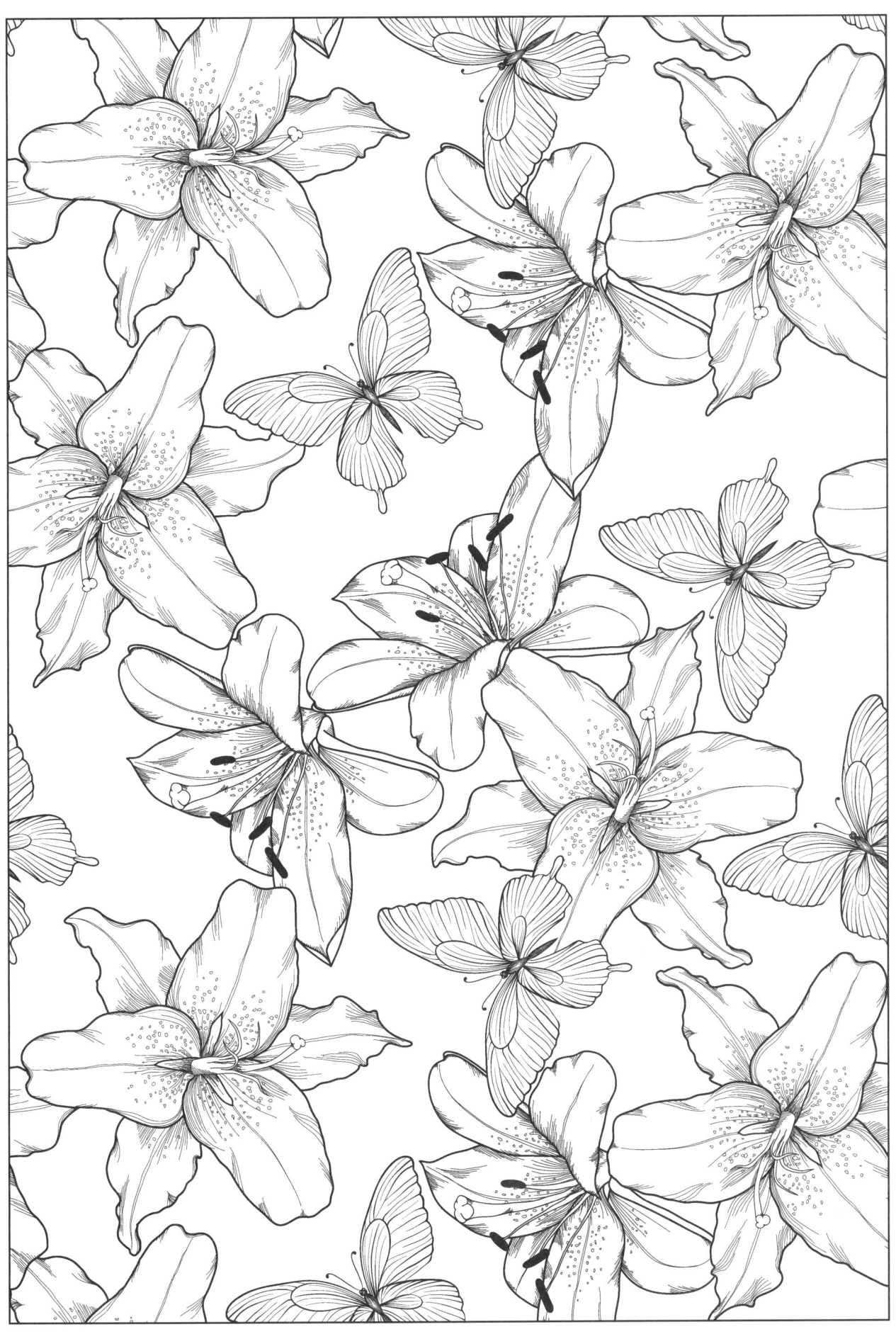

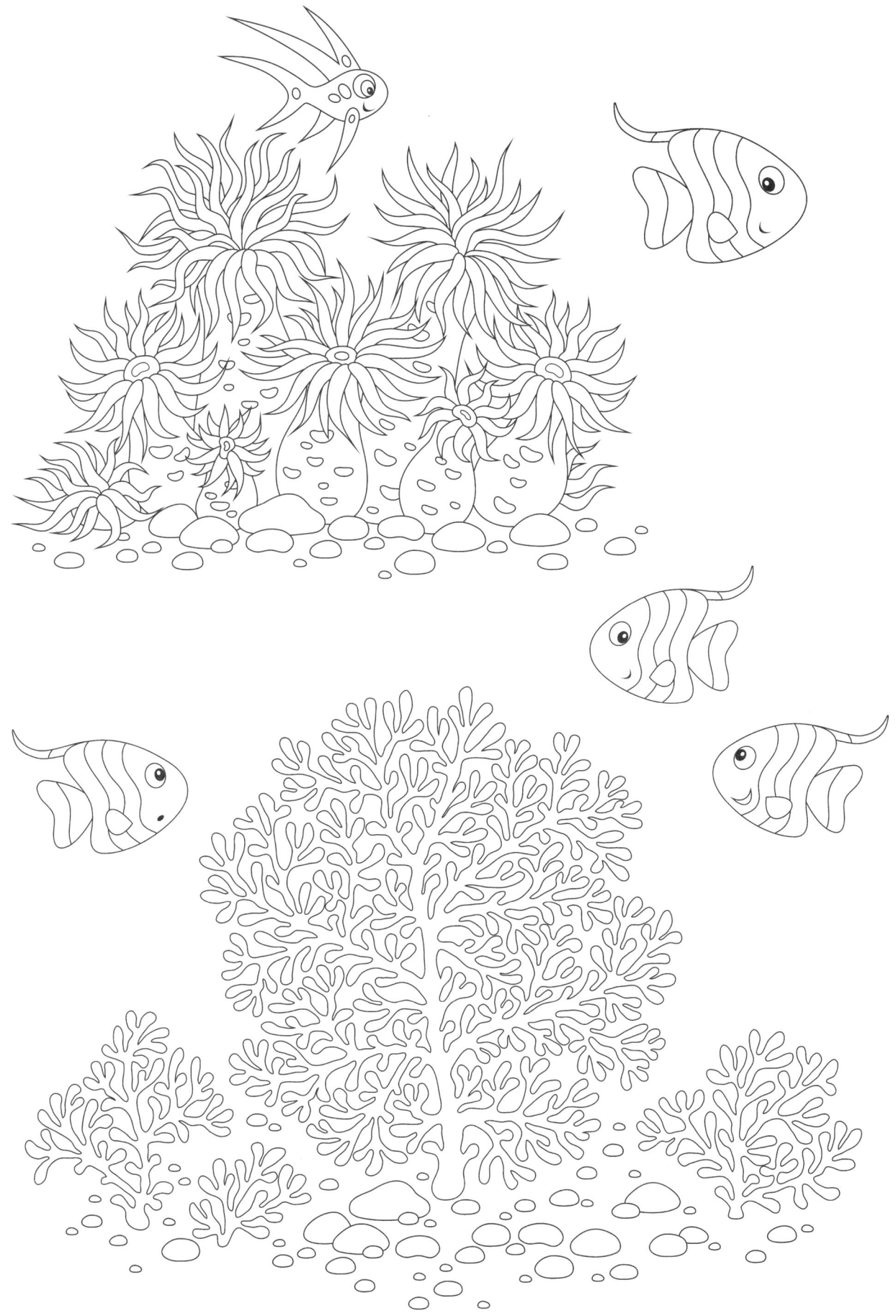

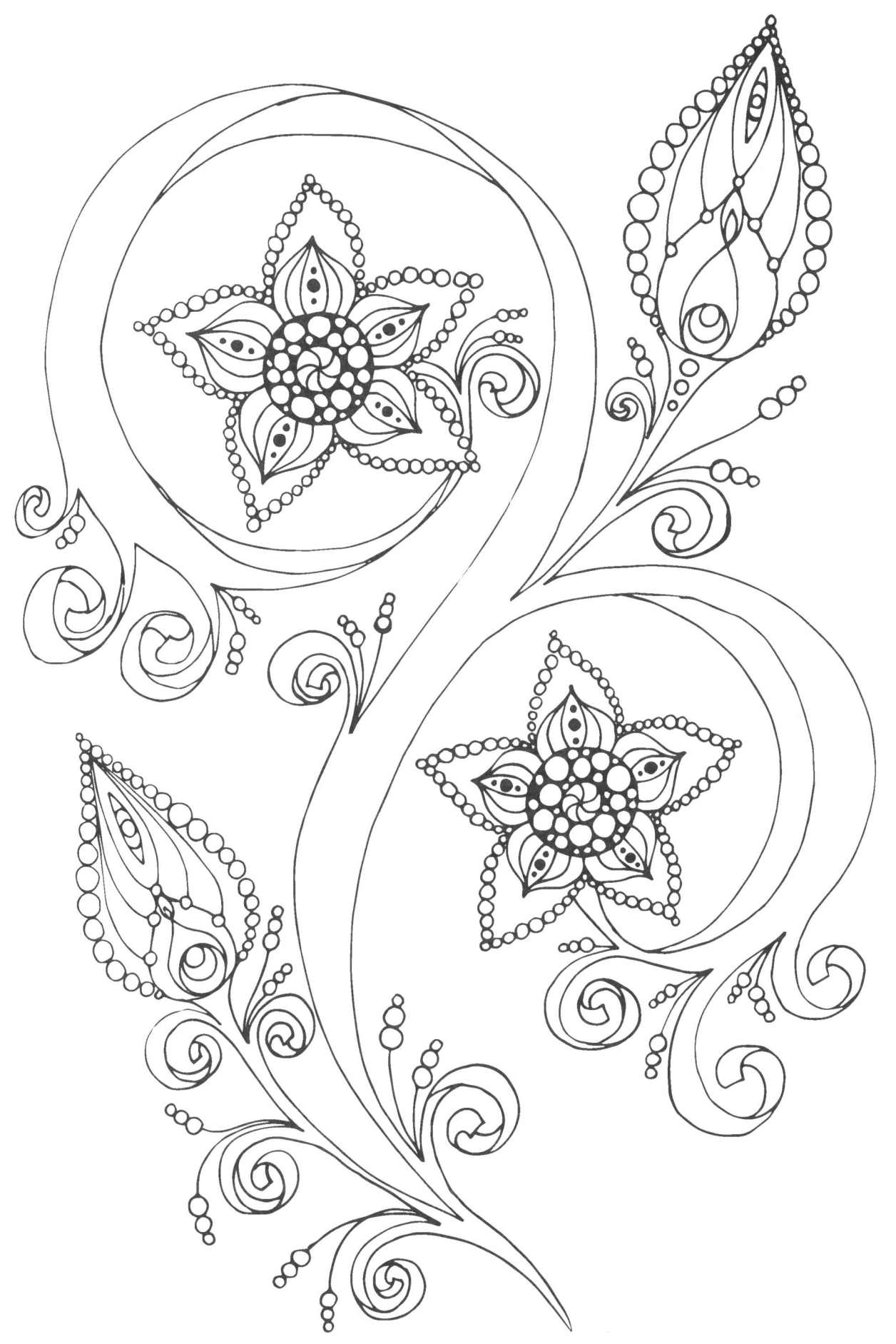

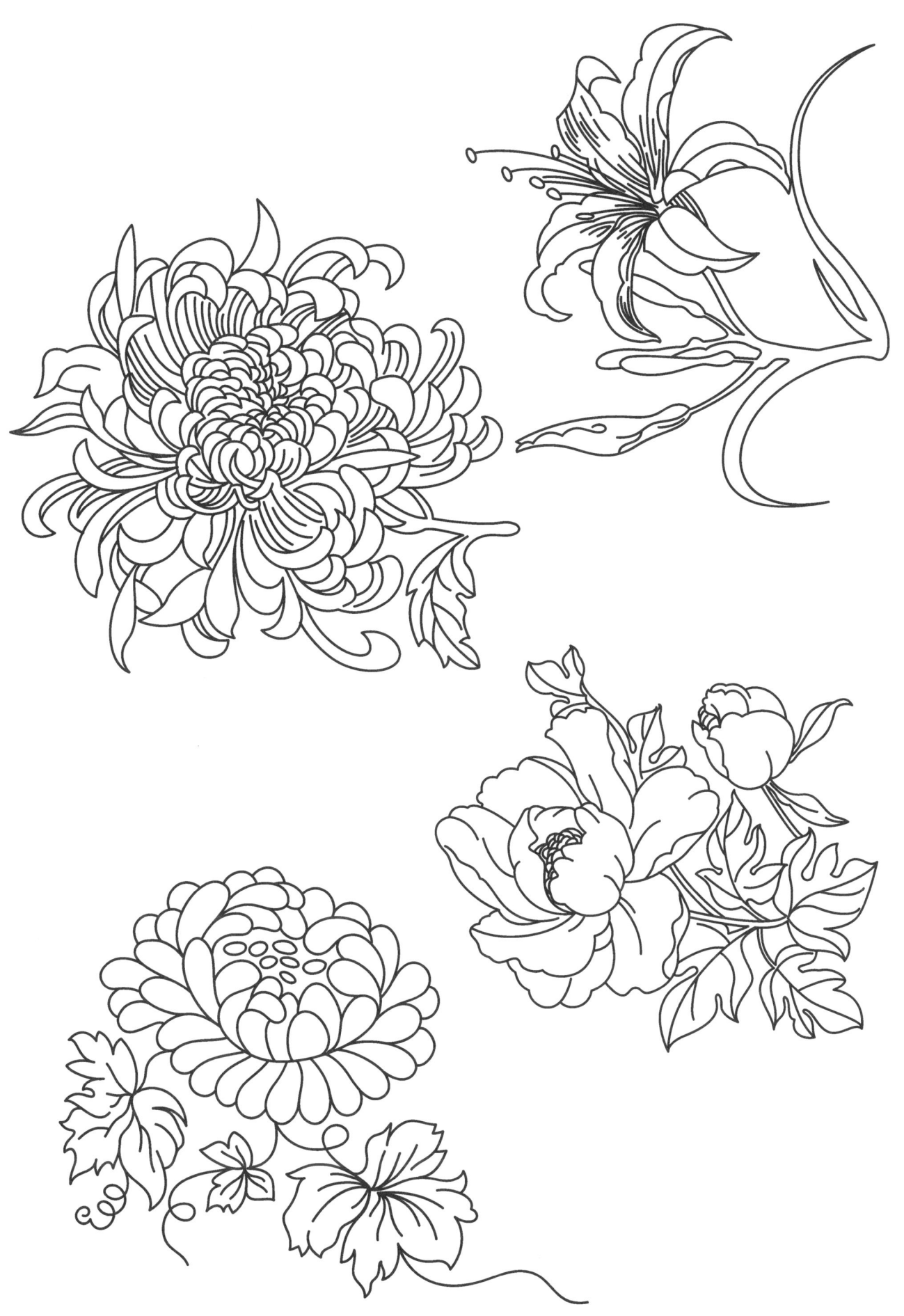

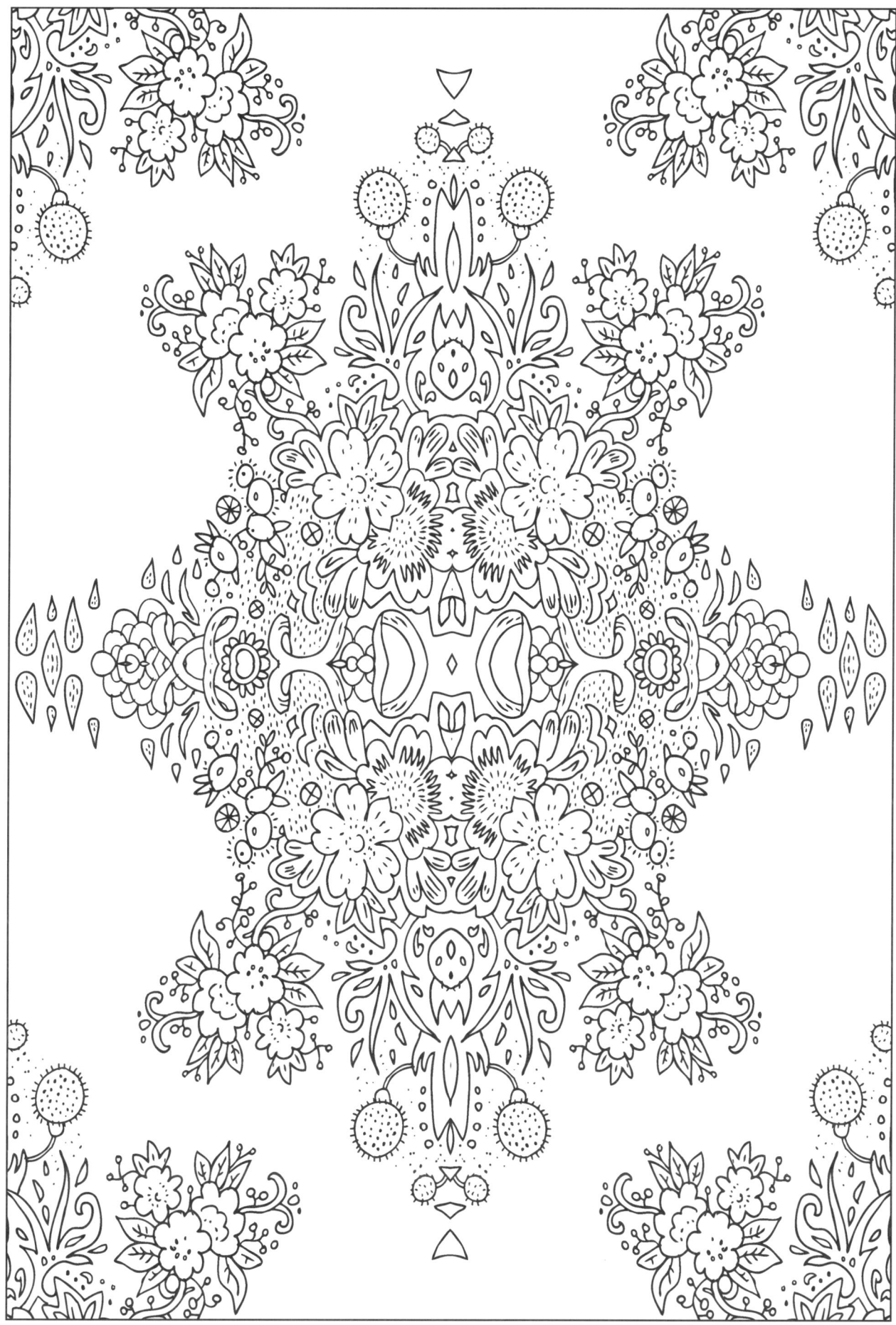

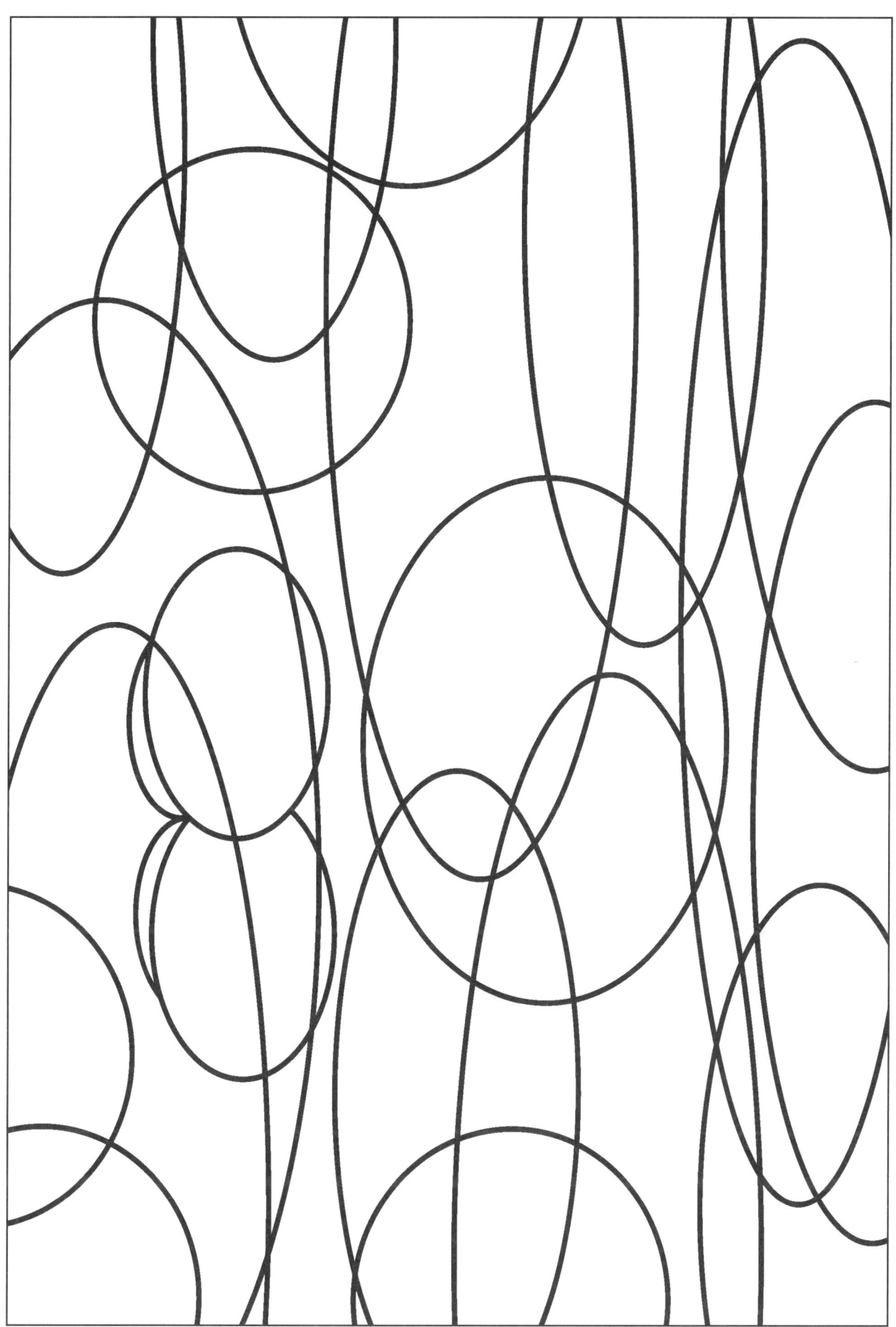

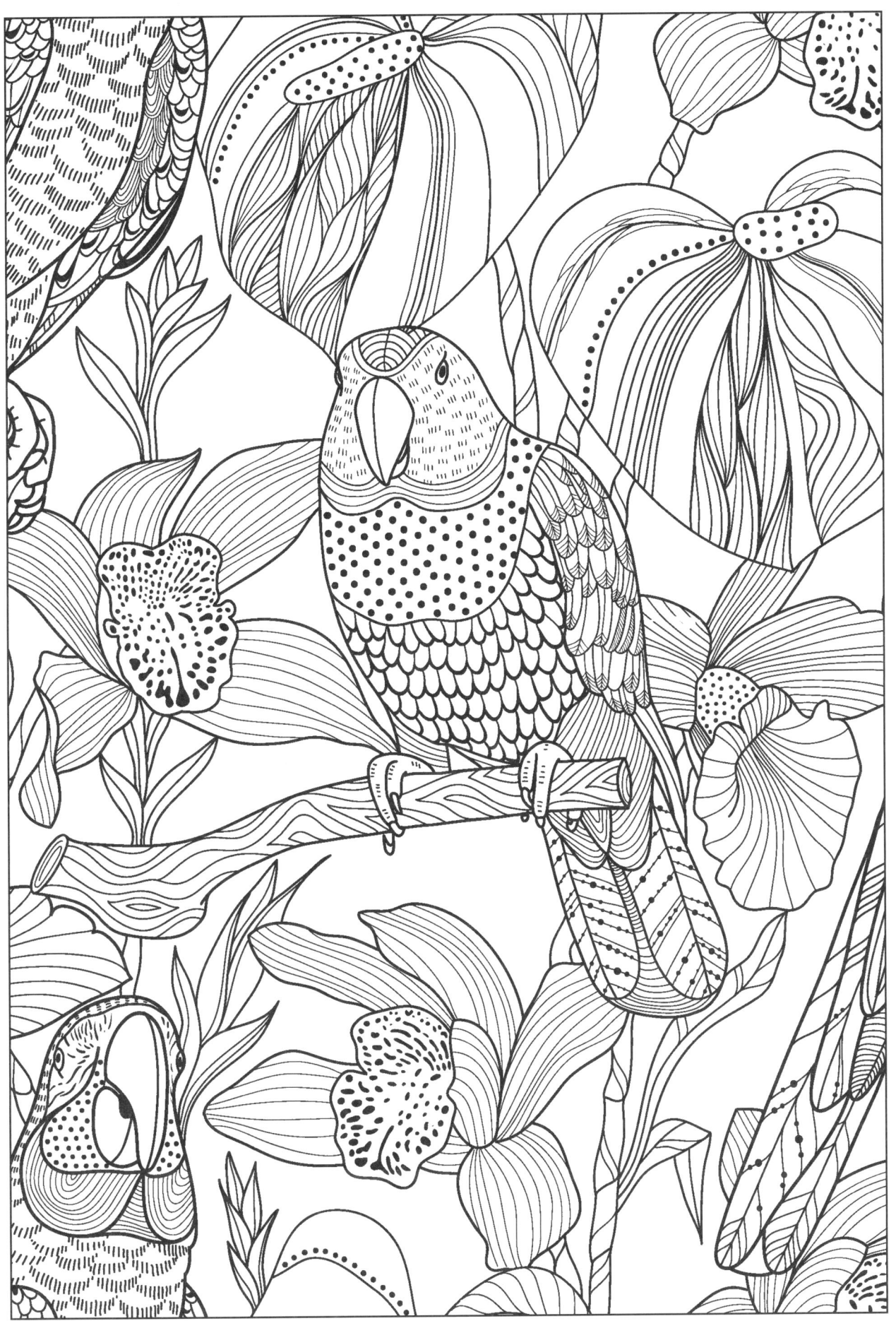

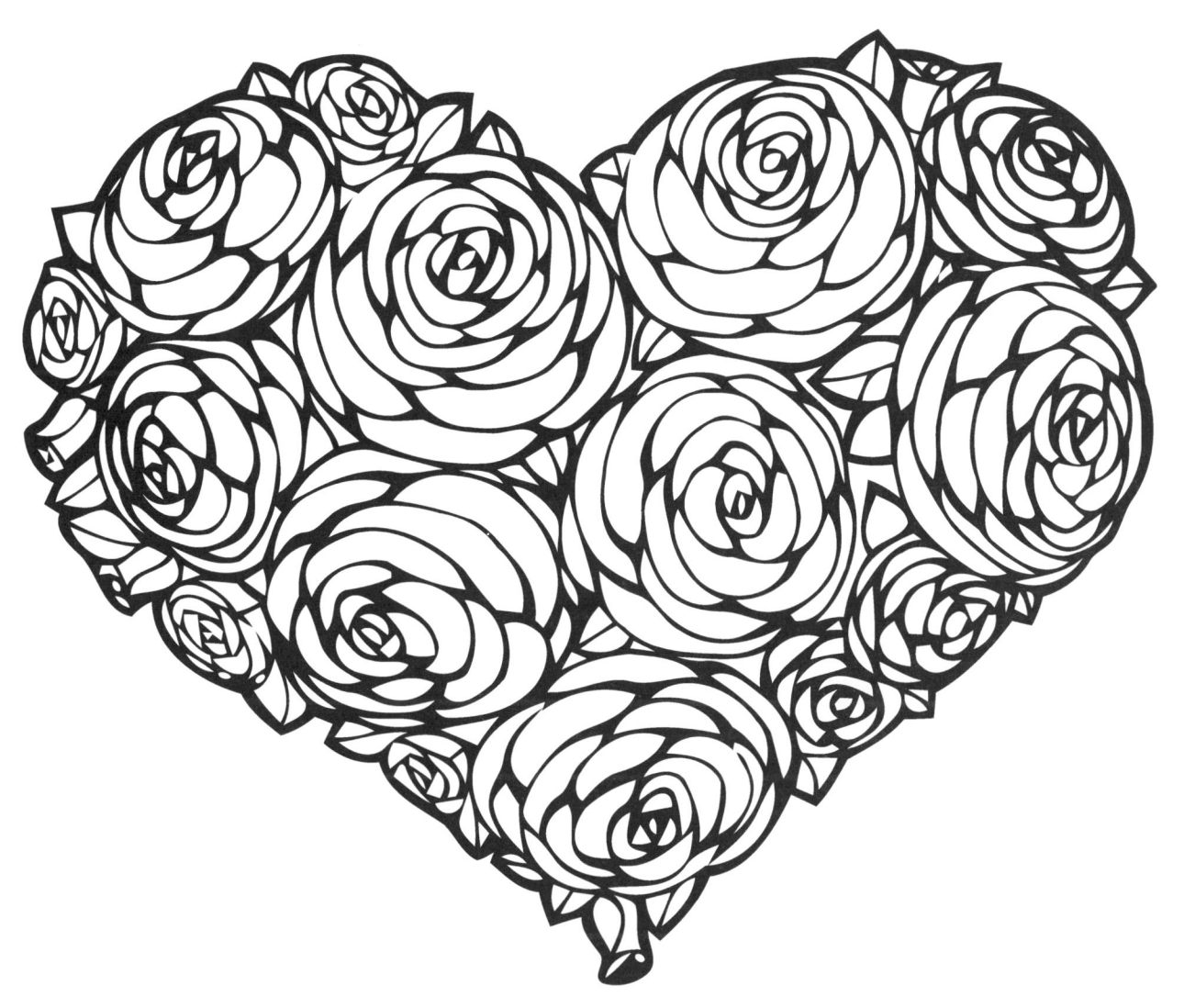

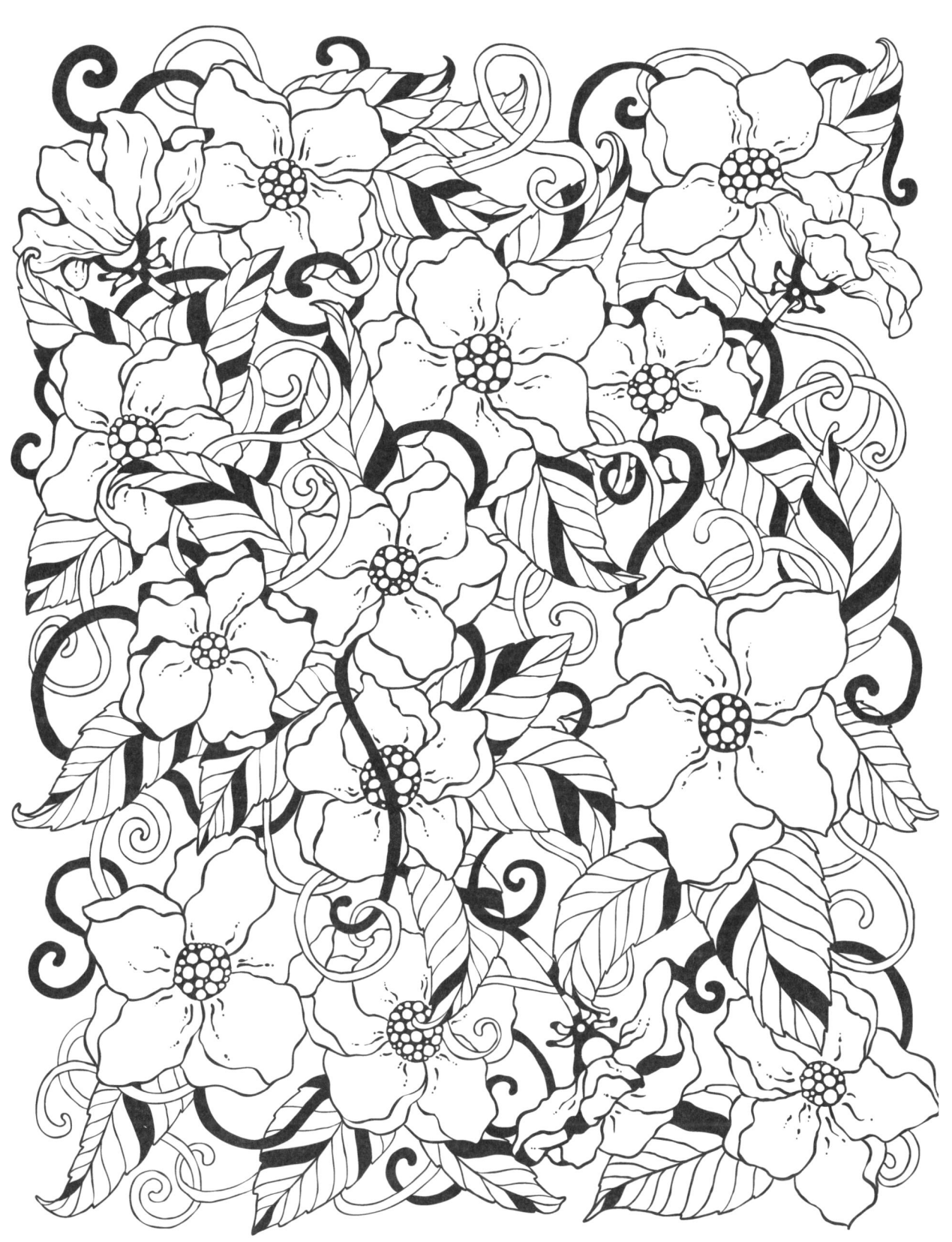

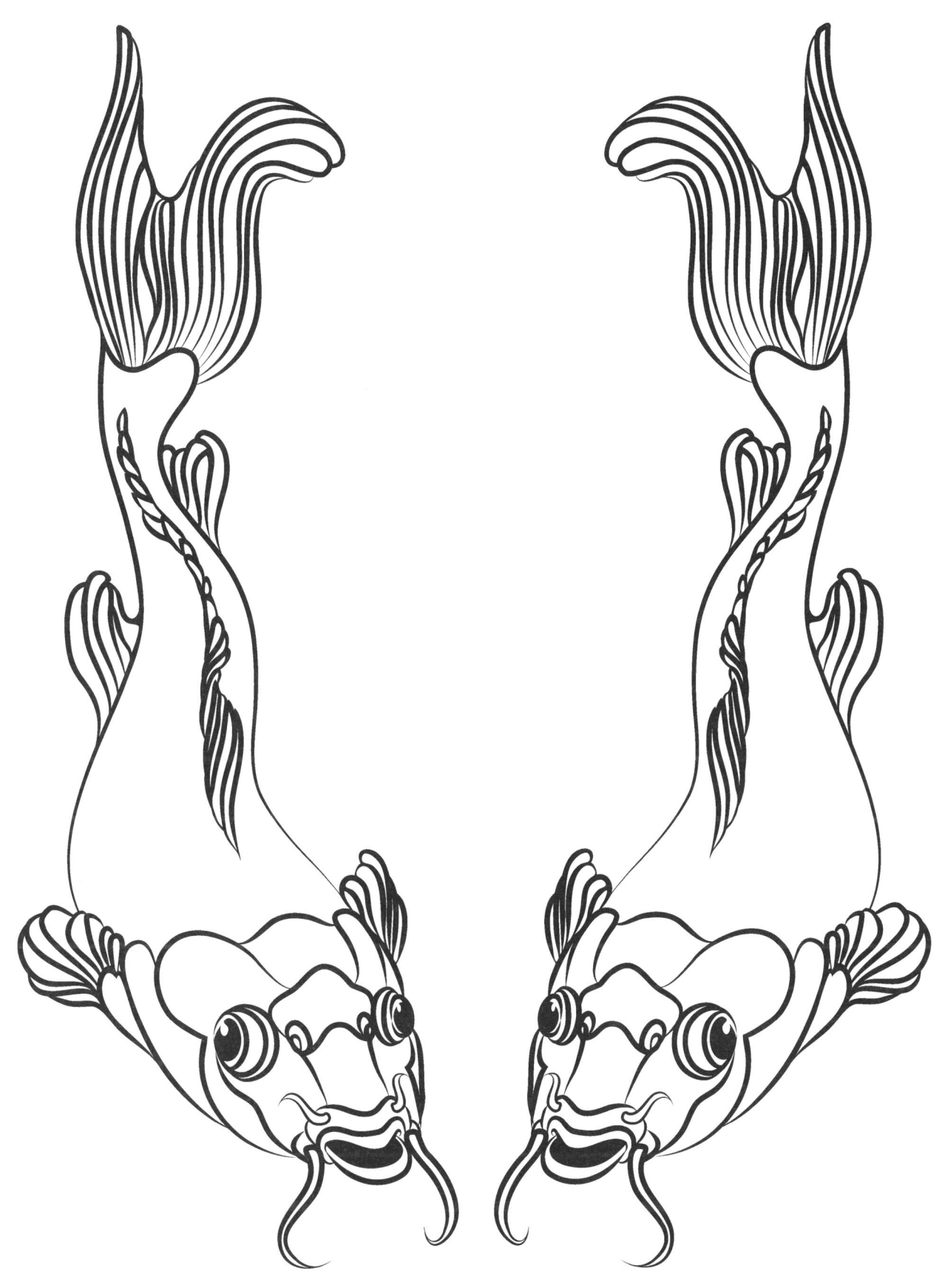

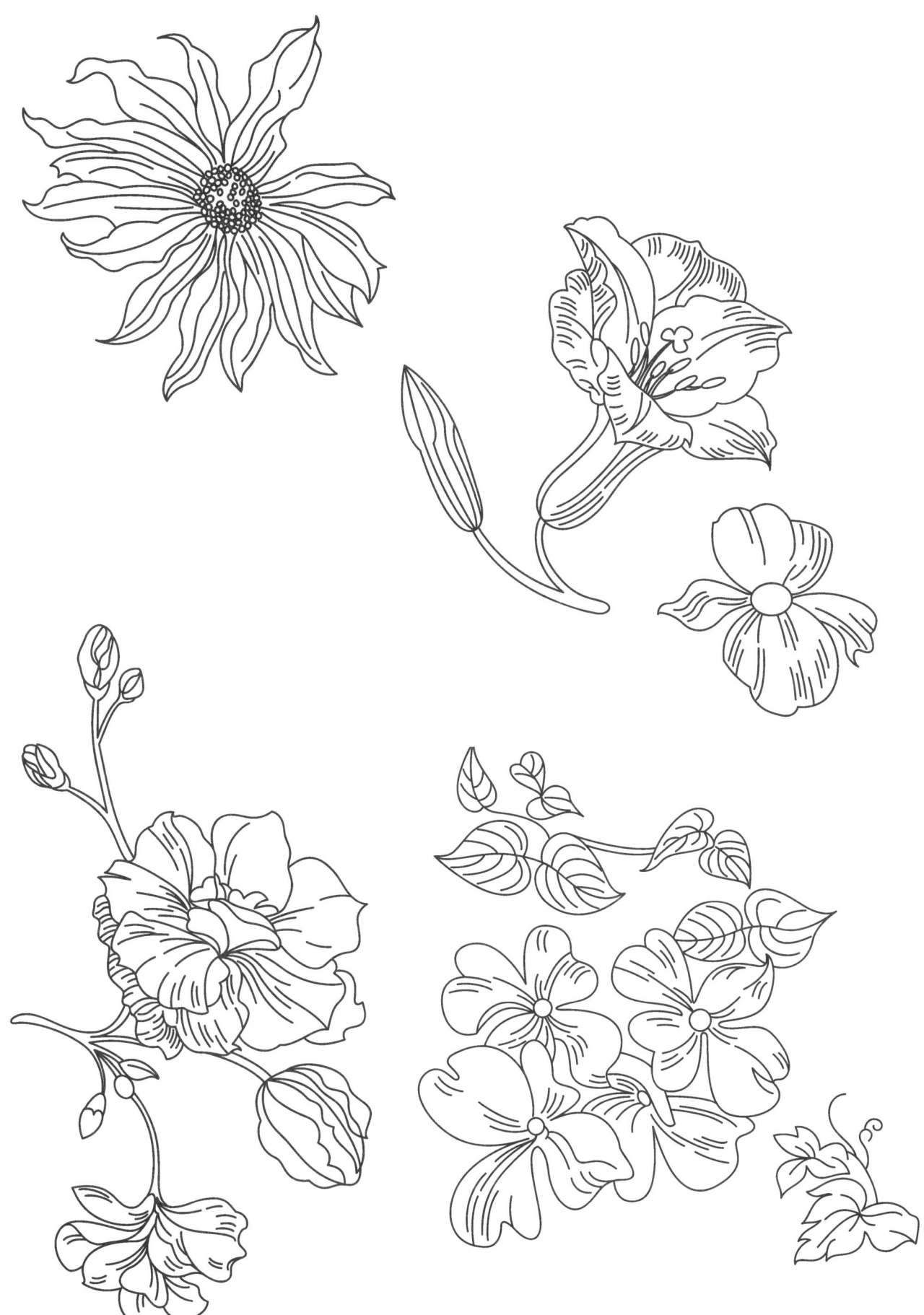

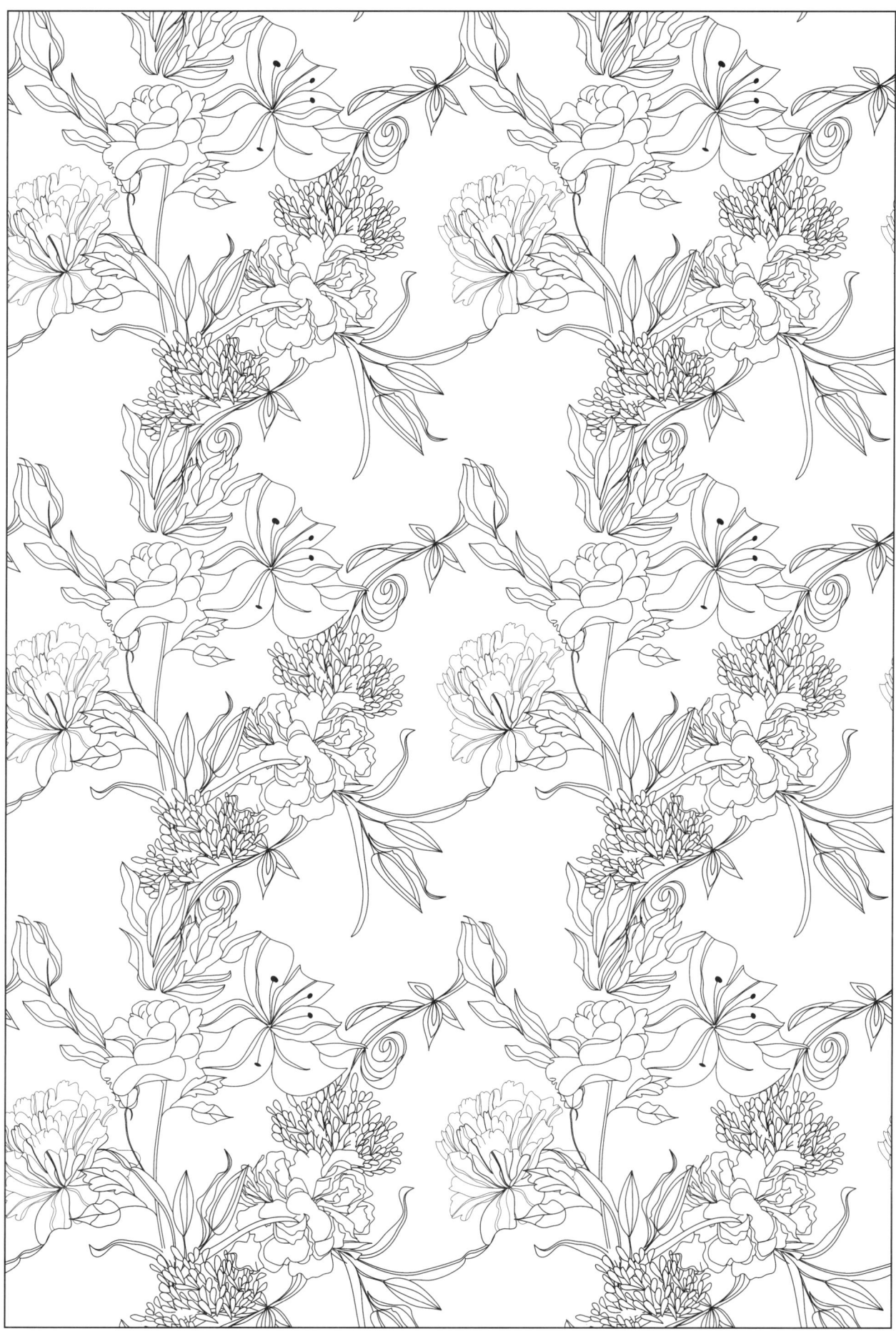

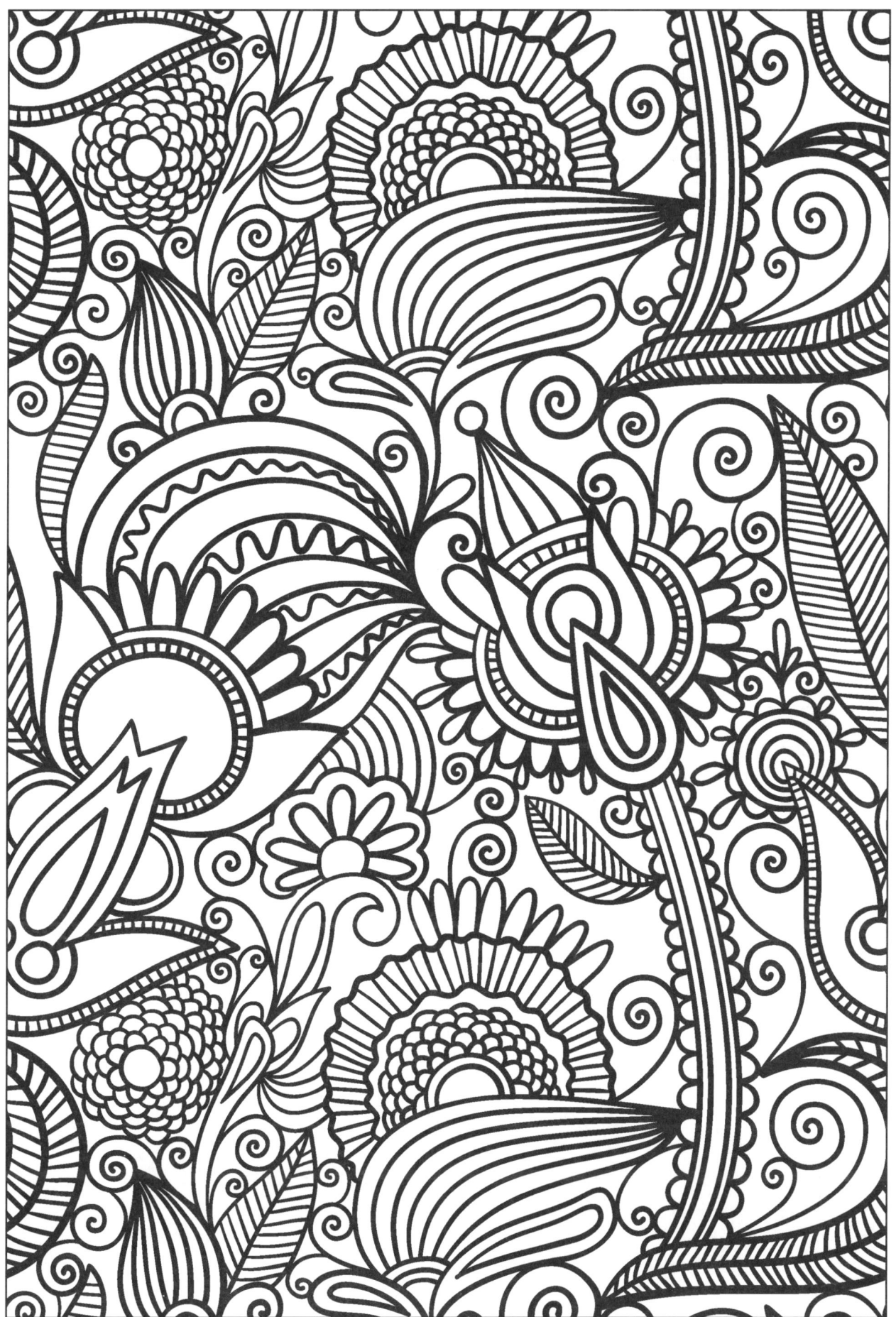

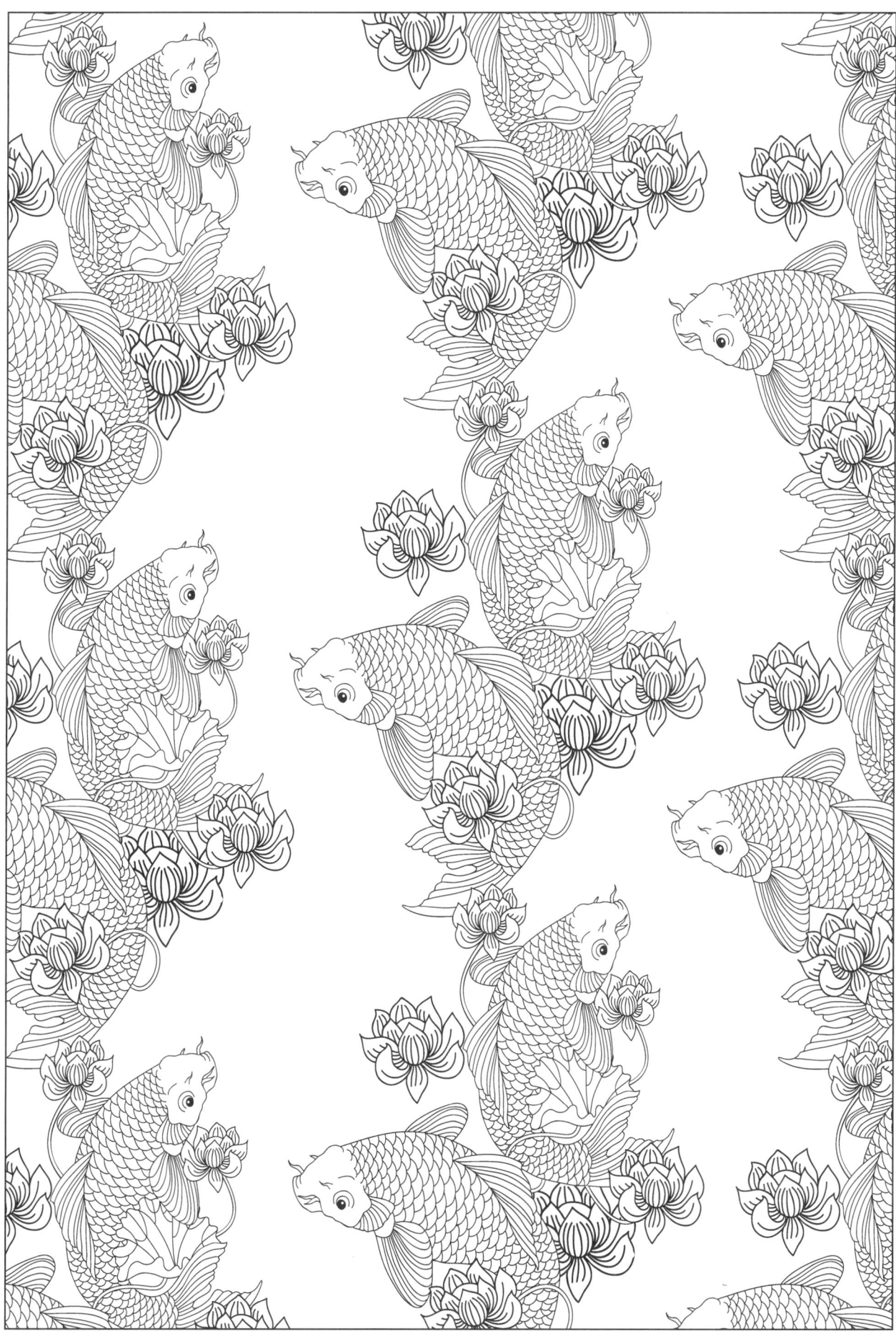

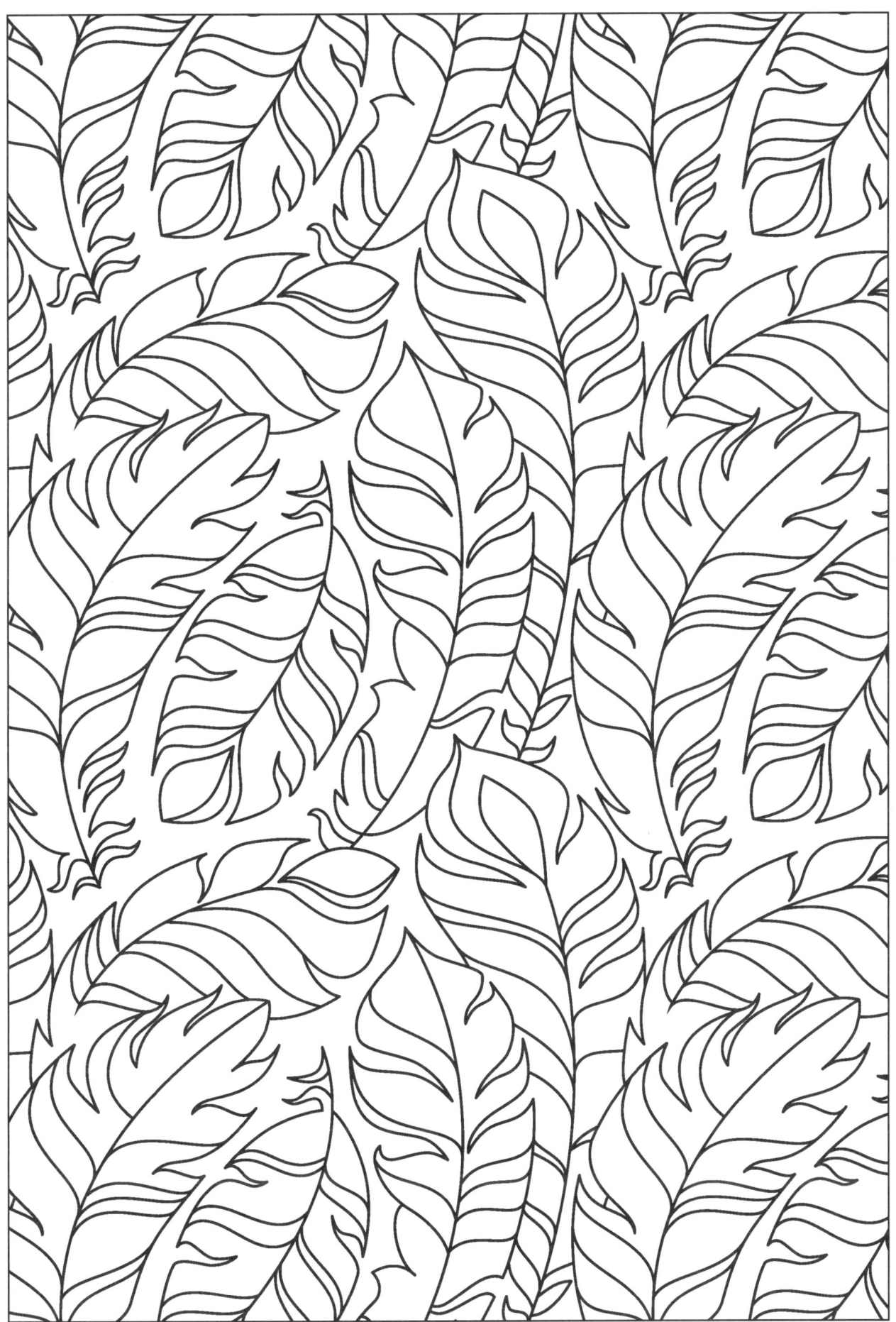

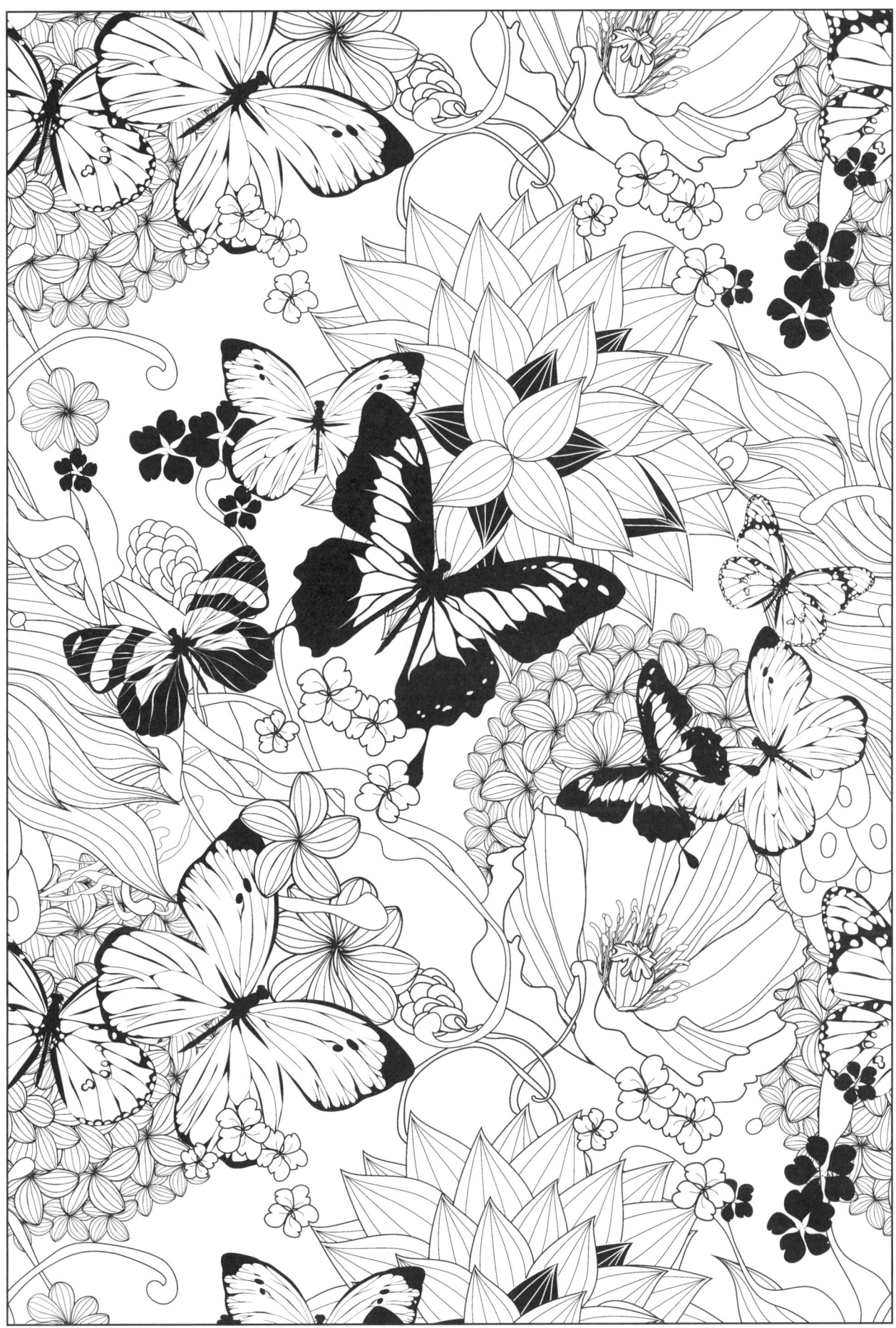

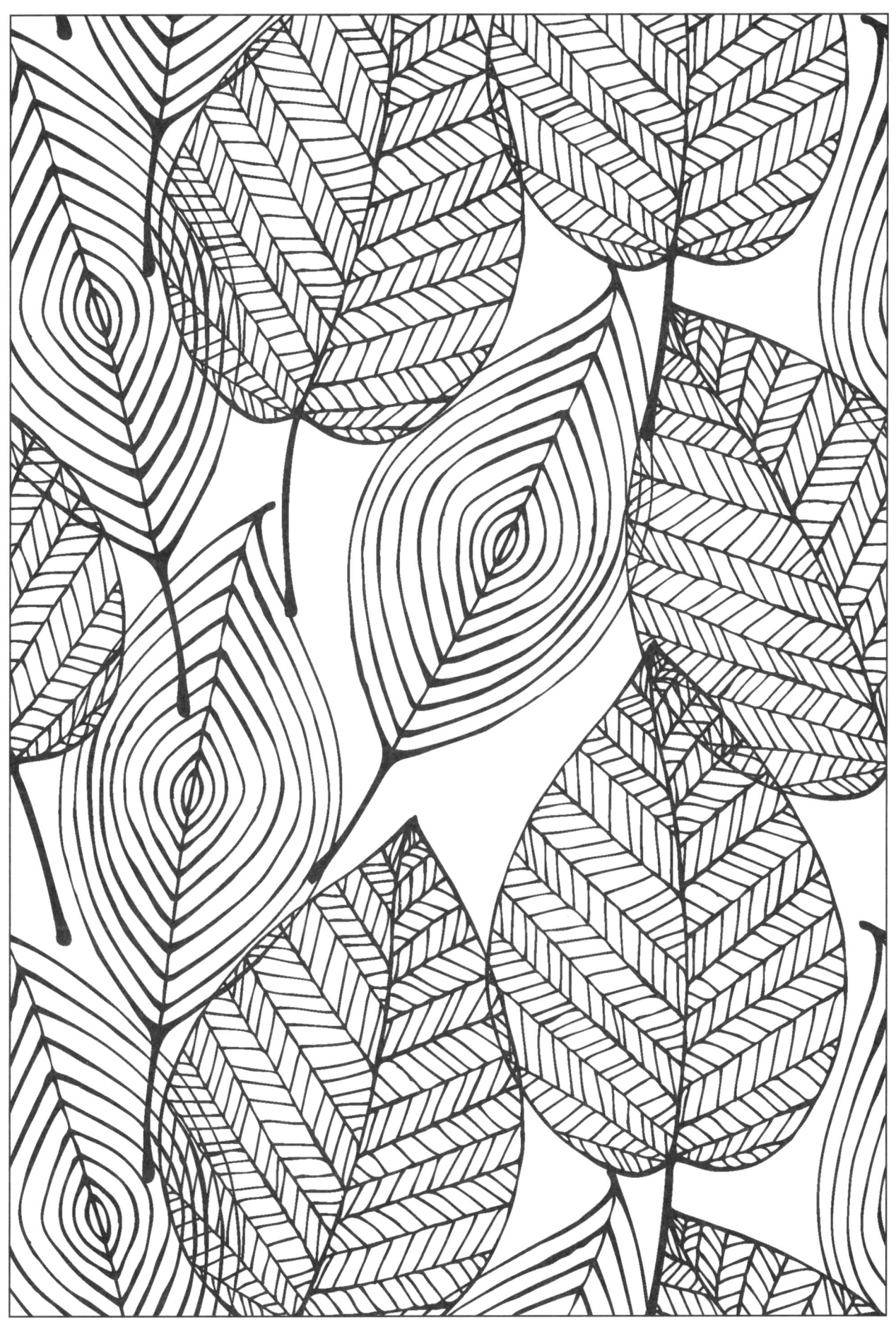

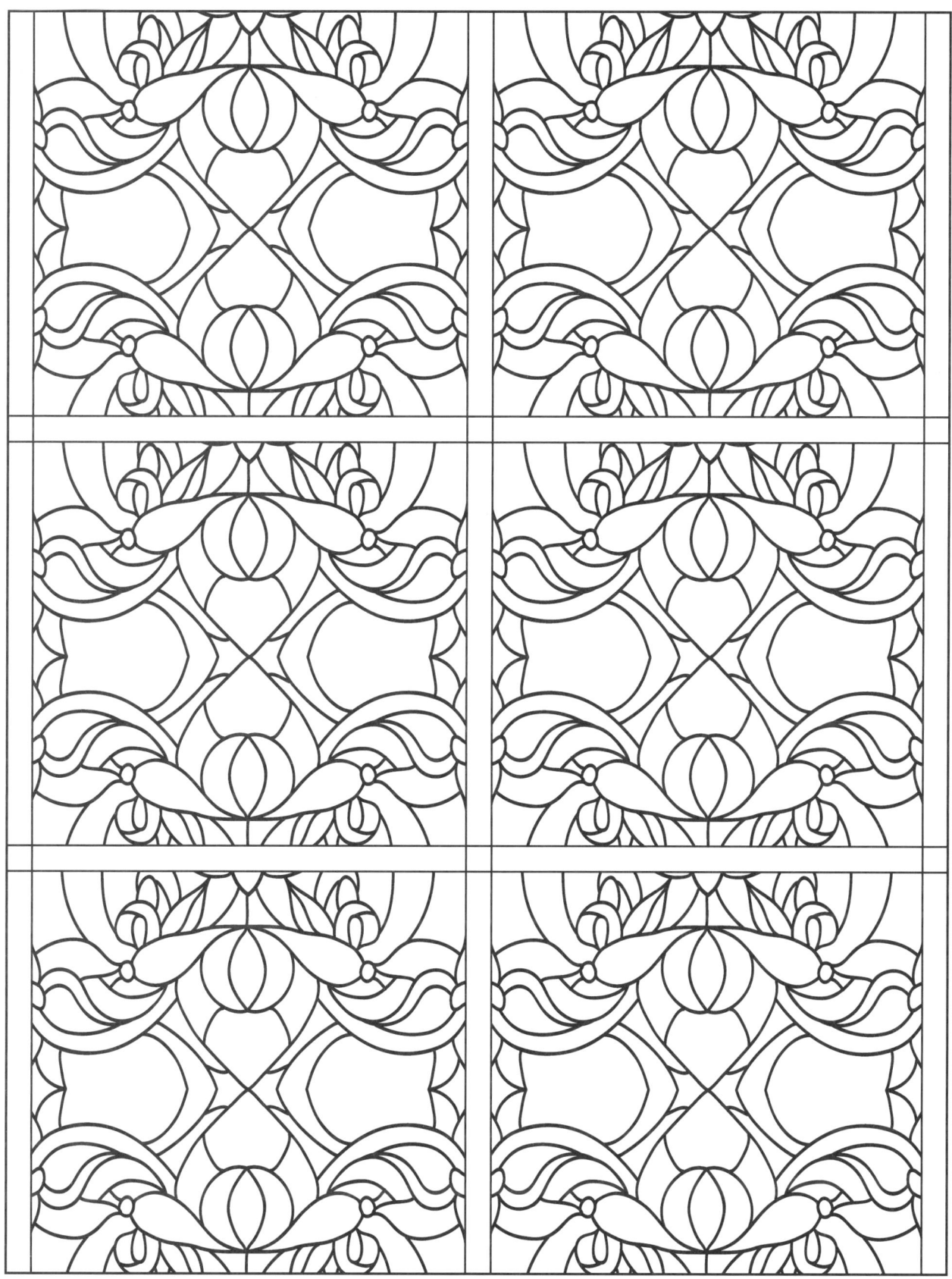